Inhalt

Elisabeth Schneider-Böklen

Der Herr hat Großes mir getan

Frauen im Gesangbuch

Quell

ISBN 3-7918-1969-0

© Quell Verlag, Stuttgart 1995
Printed in Germany · Alle Rechte vorbehalten
1. Auflage 1995
2. Auflage 1997
Umschlaggestaltung: Otfried Kegel
Umschlagbild: Dirk de Quade van Ravesteyn, »Allegorie der
Musik« (Flötenspielerin), Gemälde um 1600. Wien,
Kunsthistorisches Museum.
© Archiv für Kunst und Geschichte, Berlin.
Gesamtherstellung: Maisch & Queck, Gerlingen

Elisabeth Schneider-Böklen
Dorothea Vorländer

Feminismus und Glaube

Feministische Theologie ist eine ökumenische Basis-
bewegung, die in beiden Kirchen das Anliegen der
immer aktiver werdenden Frauen vertritt und eine
neue, ganzheitliche Spiritualität ermöglicht. Sie führt
zu Neuentdeckungen in der Bibel und in der Kirchen-
geschichte, holt längst vergessene Gestalten und Vorstellungen hervor und entwickelt neues, weibliches
Reden von Gott.
Das vorliegende Buch möchte informieren, Positio-
nen verständlich machen, feministische Autorinnen
in ihren Hauptschriften und Grundgedanken vorstel-
len, leitet aber auch – im Sinne der Reihe – zur Ent-
scheidung und Unterscheidung an.

Quell Verlag / M. Grünewald Verlag

Bedeutende Frauen in der Kirchengeschichte

neu entdeckt von Lieselotte von Eltz-Hoffmann

Frauen der frühen Kirche

mit Lebensbildern von Lydia, Prisca, Phoebe, Perpetua, Monica, Ätheria, Makrina, Eudokia, Fabiola, Theodora.

Kirchenfrauen im Mittelalter

mit Lebensbildern von Hildegard von Bingen, Elisabeth von Thüringen, Hrotsvith von Gandersheim, Theophanu, Maria von Oignies, Katharina von Siena, Hedwig von Schlesien.

Kirchenfrauen der frühen Neuzeit

mit Lebensbildern von Margarete von Navarra, Katharina Zell, Elisabeth Stuart, Theresa von Avila, Katharina Regina von Greiffenberg, Maria Ward.

Quell Verlag

Vorwort

Ich blättere im Gesangbuch. Ganz hinten stehen die Liederdichter, jeweils mit einer kurzen Lebensbeschreibung: Schicksale, Leben mit Erfolgsstrecken, aber auch mit Krankheit, Verfolgung und manchmal sehr frühem Tod. Eines fällt mir allerdings besonders auf: Es sind fast ausschließlich Männer aufgeführt – gab es denn in den Jahrhunderten christlicher Liederdichtung keine Frauen? Sollten sie stets nur gesungen haben, was männlicher Poesie entstammte? Gab es in der Vielfalt der Klöster, der Glaubensgemeinschaften, der Pfarrfamilien seit der Reformation keine begabte Frau, die selbst zu Gänsekiel oder Stahlfeder gegriffen hatte? Ich schaue genauer im Verzeichnis der Liederdichter nach: und siehe da – es gab sie doch. Etwa Magdalena Sibylla Rieger aus Württemberg, Elisabeth Cruciger in der Reformationszeit, Ämilie Juliane, die Reichsgräfin aus Thüringen, und Henriette Louise von Hayn aus der Brüdergemeine in Herrnhut. Viele waren es nicht.

Man könnte meinen, in der Vergangenheit sei sowieso kein Platz für Frauendichtung gewesen, schon das Lesen und Schreiben war nicht für alle Mädchen selbstverständlich – wie hätten sie Zeit und Muße für die Dichtkunst haben sollen? Aber so einfach ist es nicht. Es gab Zeiten, etwa um die Jahrhundertwende, da waren eindeutig mehr Frauenlieder in den Gesangbüchern zu finden: im Württembergischen Gesangbuch von 1912 sind es zwölf Dichterinnen, im Stammteil des Evangelischen Gesangbuchs von 1953 dagegen nur drei!

Allerdings gibt es in jüngster Zeit wieder eine Wende zum Besseren: im Stammteil des neuen Evangelischen Gesangbuchs finden sich Lieder von siebzehn Frauen.

Aber macht es überhaupt einen Unterschied, ob ein Mann oder eine Frau ein Lied geschrieben hat? Wäre »O Haupt voll Blut und Wunden« ergreifender, wenn es eine Frau gedichtet hätte? Spiegelt sich im Lied »Bis hierher hat mich Gott gebracht« von Ämilie Juliane von Schwarzburg-Rudolstadt eine besondere weibliche Erfahrungswelt? Über diese Fragen wurde und wird viel diskutiert, bisher ohne eindeutiges Ergebnis. Es ist wohl auch nicht nur eine Frage des Geschlechts, es spielen auch gesellschaftliche Stellung, Besitz und Begabung eine Rolle – so sind die meisten Liederdichterinnen adliger Abstammung oder zumindest aus stabilen bürgerlichen Verhältnissen. Auch wenn die Reformation schon einen breiten »Bildungsschub« für die Mädchenbildung brachte, dauerte es doch noch Jahrhunderte, bis auch jedes Mädchen auf dem Lande und aus armen Familien eine Schulbildung erhielt.

Aber es gab seit dem Mittelalter auch stets eine Tradition der schreibenden Frauen: für adlige Männer war es im frühen Mittelalter sogar undenkbar gewesen, sich mit Schreiben und Lesen überhaupt zu befassen! So mühte sich Karl der Große zeitlebens verzweifelt, seine Hände, die eher gewohnt waren, ein Schwert zu führen, darin zu üben, so ein kleines Ding wie einen Griffel zu halten und damit kleine Schreibbewegungen auf einer Tafel zu vollführen! Dagegen wurde es zunehmend Aufgabe der adligen Damen, an ihren Höfen für Bildung zu sorgen, sich mit Dichtung zu befassen und dem Leben auf der Burg kulturellen Glanz zu verleihen.

In den Frauenklöstern des Mittelalters gab es für intelligente und begabte Nonnen zwar keine Möglichkeit, an der Theologie teilzuhaben, sie entwickelten jedoch ihre eigene religiöse Frauenkultur: in Visionen und Lebensbeschreibungen von Frauen fanden sie eine Form, sich mit religiösen Erfahrungen schriftlich auseinanderzusetzen.

Dann gab es auch eine Frömmigkeitsrichtung, die sich ganz an weiblichen Erfahrungen orientierte: die Beziehung zwischen Gott (Christus) und der Seele wurde mit dem Bild des Bräutigams und der Braut beschrieben. Diese sogenannte »Brautmystik« findet sich bei den meisten Gesangbuchliederdichterinnen, oft auch die Idee, das Jesuskind an Weihnachten als Wiegenpuppe ganz besonders zu herzen, das sogenannte »Kindelwiegen«.

Stets hatte es einen – manchmal schwachen – Strom dieses »weiblichen« Ausdrucks von Frömmigkeit gegeben, gerade auch in den als »männlich« geltenden Kirchen der Reformation.

Ich begann, diesen Frauen nachzuspüren. Magdalena Sibylla Rieger war die erste – mich faszinierte die Entdeckung, daß die Liederdichterin eine wichtige Rolle im Roman »Jud Süß« von Lion Feuchtwanger spielte.

Das war 1990. Und nach der politischen Wende hatte ich nun auch die Möglichkeit, nach Rudolstadt auf die Heidecksburg zu fahren, um der Thüringer Reichsgräfin Ämilie Juliane nachzuspüren, oder nach Herrnhut zu Henriette Louise von Hayn! Was für Möglichkeiten, diesen »Müttern des Glaubens« neu zu begegnen, ihre Grabmäler zu sehen, die Wege zu gehen, die sie gingen, in ihren handschriftlichen Briefen oder Liedblättern zu lesen.

Deshalb möchte ich allen danken, die mir in den alten wie in den neuen Bundesländern dabei geholfen haben:

9

zuerst meinem Mann, Dr. Herbert Schneider, der mich mit Lust und sachkundigen Hinweisen auf den Archivreisen begleitete, die Manuskripte kritisch beäugte und korrigierte, Oberkirchenrat Wolfgang Töllner in München, der die Begeisterung für das Gesangbuch und seine Geschichte mit mir teilte, mich ermunterte und die Reisen tatkräftig finanziell unterstützte, die Damen und Herren in den Archiven in Rudolstadt und Herrnhut, sowie natürlich dem Quell Verlag in Stuttgart, dessen Lektorin, Frau Rück, dem Buch gewissermaßen als gute Hebamme ans Licht der Lese-Welt verhalf!

München, im März 1995, dem Jahr des neuen Evangelischen Gesangbuches
Elisabeth Schneider-Böklen

Elisabeth Cruciger

Im Nordosten des damaligen »Heiligen Römischen Reiches deutscher Nation« wuchs zu Beginn des 16. Jahrhunderts ein junges Mädchen namens Elisabeth auf. Wann sie genau geboren wurde, wissen wir nicht. Auch ihr Geburtsort ist nicht sicher bestimmbar, irgendwo im östlichen Teil Pommerns, vielleicht war es das Gut Meseritz, südöstlich der Stadt Treptow an der Rega. Ihre Familie, ob nun polnisch oder deutsch, war in diesem Grenzgebiet zweier Kulturen beheimatet – sofern sich in der damaligen Zeit schon zwischen einer deutschen und einer polnischen Kultur unterscheiden läßt.

Elisabeth von Meseritz war wohl ein aufgewecktes Mädchen. Wurde sie von den Eltern ins Kloster gebracht? Oder zog es sie selbst zu einem geistlichen Leben? Wir wissen es nicht. Sehr wahrscheinlich ging sie schon früh in ein Frauenkloster; wir dürfen annehmen, daß es das Kloster Marienbusch bei Treptow war, das zum Prämonstratenserorden gehörte. Das Kloster Marienbusch ist heute verfallen, den Orden gibt es noch. Viele Adlige gingen damals im Osten in die Prämonstratenserklöster, sie unterstützten Seelsorge und Mission bei den Bewohnern des Landes.

Hatte die junge Elisabeth von Meseritz auch solche Ziele? Was könnte wohl das Klosterleben für ein junges Mädchen bedeutet haben? Denn für ein Mädchen wie Elisabeth von Meseritz hatte ein Leben im Kloster durchaus Vorteile. Ein Leben als Klosterfrau war gewissermaßen standesgemäß, also kein sozialer Abstieg.

Außerdem war es für Frauen eine der wenigen Möglichkeiten sich zu bilden, denn die Novizinnen hatten eine
eigene Lehrerin, die Novizenmeisterin, deren Aufgabe
es war, auf allen Gebieten Unterricht zu geben, im
Lesen, Schreiben, Rechnen und in Musik, für die eine
Kantorin zuständig war. Daneben bot das geregelte
geistliche Leben im Klosteralltag viel Wissenswertes:
das lateinische Stundengebet, hauptsächlich aus biblischen Psalmen, das Vorlesen während der Mahlzeiten
aus wichtigen religiösen Schriften. Im Laufe der Zeit
prägte sich vieles ein und gab den jungen Mädchen
einen Schatz an religiöser und sprachlicher Bildung.

In der Zeit, als Elisabeth im Kloster war, gab es in Europa die geistige Bewegung des Humanismus, eine Bewegung, die unter dem Motto »ad fontes – zurück zu
den Quellen« versuchte, die Wurzeln der abendländi-
schen und europäischen Kultur neu zu entdecken.
Voller Begeisterung machten sich Menschen in vielen
Ländern Europas daran, alte Texte in den Originalspra-
chen zu entdecken und zu übersetzen – das umfaßte die
Werke der griechischen Philosophen genauso wie die Bibel, das Alte Testament in hebräisch und das Neue Testament in griechisch. Nicht mehr kirchliche Autorität war
dabei der wichtigste Maßstab, sondern mehr und mehr
die eigene Forschermeinung, die meist mit der kirchlichen Tradition in Einklang stand. Oder doch nicht
mehr so ganz und überall? Im nahegelegenen Männer-
kloster Belbuck hatte der für den Humanismus aufge-
schlossene Abt etwas Neues gegründet: eine Stelle für
Bibelauslegung. Damit hatte er Johannes Bugenhagen
beauftragt, der von den humanistischen Gedanken des
Erasmus von Rotterdam und den Entdeckungen Martin
Luthers überzeugt war. Beides hing ja miteinander zu-

sammen: die Betonung der Bibel als Wort Gottes bei Martin Luther war eng verflochten mit einem gründlichen Bibelstudium in den Ursprachen, um so immer tiefer in die Geheimnisse des Textes einzudringen. Johannes Bugenhagen war davon überzeugt, und seine Schüler im Kloster Belbuck mit ihm. Ist es nicht wahrscheinlich, daß diese Bewegung, die ja bald ganze Landstriche erfaßte, auch auf eine junge Nonne wie Elisabeth von Meseritz Eindruck machte?

Ein Brief gibt Aufschluß darüber. Es ist der Brief eines getauften Juden namens Joachim in Stettin vom 19. Januar 1519. Er ist ein Antwortbrief an Elisabeth, in dem ihr eigener vorangegangener Brief seitenlang zitiert wird. Auf diese Weise können wir ihren Brief rekonstruieren. Wie dieser Joachim in Kontakt mit Elisabeth kam, wissen wir nicht. Auch die Situation der Juden in der damaligen Zeit und Gegend ist leider noch wenig erforscht; es könnte sein, daß Joachim unter großem Druck gestanden hat, eine Generation vorher waren sämtliche Juden wegen »Hostienschändung« vom polnischen König aus Pommern vertrieben worden. Vielleicht hatte Joachim auch die aufkommende Bewegung der neuen Lehre Luthers mit Hoffnung erfüllt. Er muß davon ergriffen worden sein und hatte sich taufen lassen. Joachim zitiert in seinem Antwortbrief Elisabeths vorausgegangenen Brief:

»Lieber Bruder, dir sei Gnade und Friede. Ich verstehe ganz wohl, lieber Bruder, dass wir zusammengesetzt sind von einer gebrechlichen Materie und stets leben außerhalb in einem Widerwillen Gottes und nicht mächtig sind (obwohl wir alle durchs Blut Christi erlöst sind), solche Gnade Gottes von uns empfangen zu erhalten bis ans Ende und zur Wiederkunft Christi, weshalb wir sehr in Furcht stehen und zuweilen zweifeln, was über alle Bitterkeit zu erleiden ist.

Darum tröste dich, lieber Bruder, sieh, die ich auch eine Mitleiderin bin deiner Krankheit, sieh, ich habe Gott ermahnet durch sanftmütiges Bitten vor Seinen göttlichen Augen, sieh, ich wünsche dir und gebe dir durch Seine Kraft Gnade und Friede ... und solches durch den Herrn Christum, nicht durch einen Engel oder Mose. Ei, lieber Bruder, sei zufrieden, hab Mut, denn, der das gute Werk und die Seligkeit in uns (angefangen) hat, wirds ohne Zweifel vollbringen; er wird selbst vor uns stehen und bedecken unsere Ungerechtigkeit, daß wir von keinem mögen werden angeklagt. Dessen freue dich und tröste dich, mein lieber Bruder, denn desselben erfreu und tröste ich mich auch. Darauf empfange dies mein Schreiben und laß dir's ein Trost sein, denn es ist (bei) Gott ein Wohlgefallen, daß wir uns untereinander trösten und küssen mit dem Kuß der Liebe Gottes, daher auch der (Spruch) des Herrn Christi herrührt: ›Liebt euch untereinander, gleichwie ich euch geliebt.‹ Deshalb bitt ich auch für dich, daß dich Gott der Herr erhalte ... Darum ich dich einen herzlichen Bruder nenne und deine Schrift lieblich empfangen habe und erkenne dein christliches Herz.«

Soweit Elisabeth von Meseritz. Einiges an diesem Brief von ihr – übrigens der einzige Text, der neben ihrem Gesangbuchlied von ihr überliefert ist – scheint sehr bemerkenswert: Da ist einmal ihre schriftliche Geläufigkeit und Ausdrucksstärke, verbunden mit einer gründlichen Kenntnis der Bibel und des evangelischen Glaubens – gewiß hat sie im Kloster gut gelernt und von Johannes Bugenhagen begierig die neue Lehre aufgenommen! Denn Elisabeth von Meseritz hat ein weiteres Schlagwort der neuen Bewegung beherzigt und praktiziert: das Priestertum aller Gläubigen. Ohne Priesterweihe, nur auf Grund ihres Glaubens und ihrer Taufe, zeigt sie ein klares Selbstbewußtsein in ihrer seelsorgerlichen Aufgabe. Mit recht persönlichen Worten vermag sie Joachim zu trösten und im Glauben zu stärken, sie traut ihrem eigenen Gebet dabei einiges zu (»Ich habe Gott ermahnt durch sanftmütiges Bitten«). Dabei prägt sie den Ausdruck: »Ich bin eine Mitleiderin« und stellt sich damit ganz neben Joachim.

In der ganzen Gegend, also in Pommern, hatte die reformatorische Bewegung der Lehre und Frömmigkeit Luthers die Menschen ergriffen. Es ist heute nicht mehr ganz leicht, die verschiedenen Ursachen herauszufinden, die dazu führten, daß Johannes Bugenhagen 1521 nach Wittenberg ging. Auch der Abt und die Mönche des Klosters Belbuck verließen Pommern, die Klöster Belbuck und Marienbusch kamen unter herzogliche Vermögensverwaltung.

Auch Elisabeth von Meseritz verließ das Nonnenkloster Marienbusch – war es Flucht oder Aufbruch zu Neuem? Wir wissen es nicht; auf jeden Fall gehörte wohl Mut und Entschlossenheit dazu, ein geregeltes und lebenslang gesichertes Dasein im Kloster aufzugeben und in eine ungewisse Zukunft in einen fernen Landstrich Deutschlands zu ziehen. Bei Johannes Bugenhagen und seiner Familie in Wittenberg fand sie Aufnahme.

Was gab ihr den inneren Halt und die Sicherheit in dieser aufgewühlten Zeit? Bedenken wir, daß die Menschen in den Reichsstädten von der neuen Lehre umgetrieben und die katholischen Pfarrer häufig einfach verjagt wurden, daß Mönche und Nonnen reihenweise ihre Klöster verließen, was bis dahin unerhört war, und daß bald darauf, 1525, der sogenannte Bauernkrieg ausbrach. Wenn Luthers Lehre von der Freiheit eines Christenmenschen stimmte, dann war ja die Frage der Bauern auch berechtigt: »Als Adam grub und Eva spann, wo war denn da der Edelmann?« Wo stand in der Bibel, daß sie drückende Abgaben zahlen und kostenlose Frondienste für die adligen Herren leisten sollten? Wenn die kirchliche Tradition sich immer an der biblischen Botschaft von Gottes Gerechtigkeit und Liebe messen lassen mußte, wie die neue evangelische Lehre sagte, dann blieb für Willkürherrschaft und Unterdrückung nicht viel Grundlegendes übrig – Freiheit von allen Bindungen lag in der Luft, und die Bauern, schlecht bewaffnet und schlecht organisiert, wollten sich die Freiheit durch Erschlagen der Unterdrücker holen – ein tragisches Mißverständnis evangelischer Freiheit!

Doch es gab gewiß auch viele Frauen und Männer, die die neue Botschaft von der Bibel als alleinigem Maßstab, von der Glaubensgerechtigkeit und vom direkten Zugang zu Gott sehr tief in sich aufnahmen und einen eigenen Ausdruck für diese neue Art des Glaubens fanden. Elisabeth von Meseritz, die entlaufene Nonne, war wohl so ein Mensch, der in einer innigen Beziehung zu Christus Halt und Verwurzelung fand. Sie muß in dieser Zeit ihr unvergängliches Lied »Herr Christ, der einig Gotts Sohn« gedichtet haben. Es steht auch im neuen Evangelischen Gesangbuch und ist jedes Jahr das Wochenlied für den Letzten Sonntag nach Epiphanias.

1. Herr Christ, der einig Gotts Sohn,
Vaters in Ewigkeit,
aus seim Herzen entsprossen,
gleichwie geschrieben steht,
er ist der Morgensterne,
sein Glänzen streckt er ferne
vor andern Sternen klar;

2. für uns ein Mensch geboren
im letzten Teil der Zeit,
daß wir nicht wärn verloren
vor Gott in Ewigkeit,
den Tod für uns zerbrochen,
den Himmel aufgeschlossen,
das Leben wiederbracht.

3. Laß uns in deiner Liebe
und Kenntnis nehmen zu,
daß wir am Glauben bleiben,
dir dienen im Geist so,
daß wir hier mögen schmecken
dein Süßigkeit im Herzen
und dürsten stets nach dir.

4. Du Schöpfer aller Dinge,
du väterliche Kraft,
regierst von End zu Ende
kräftig aus eigner Macht.
Das Herz uns zu dir wende
und kehr ab unsre Sinne,
daß sie nicht irrn von dir.

5. Ertöt uns durch dein Güte,
erweck uns durch dein Gnad.
Den alten Menschen kränke (= schwäche),
daß der neu leben mag
und hier auf dieser Erden
den Sinn und alls Begehren
und G'danken hab zu dir.

Von diesem Lied sagt eine Generation später, 1571, der Magister Cyriakus Spangenberg: »Hie haben wir einen sehr schönen Geistreichen Betpsalm, den ihr billich eure Kindlein und Gesinde sollet lernen / und offt singen lassen ... Und hat diesen Psalm ein recht fromb Gottfürchtiges Weib gemacht / Elisabeth Creutzigerin geheissen ... und hat dem doctor martino so wohl gefallen / dass er ihn selbst hat in sein Gesangbüchlein zu setzen befohlen.«

Der Alltag war für unsere Dichterin vermutlich nicht in erster Linie ruhig und beschaulich, denn die Zeiten waren in Wittenberg alles andere als ruhig. So gab es durch die reformatorische Bewegung in Wittenberg 1521 die sogenannten »Wittenberger Unruhen«: Manchen waren die Änderungen noch nicht weit genug gegangen, und die ganz Radikalen hätten lieber allen Bilderschmuck aus den Wittenberger Kirchen entfernt. Die Wogen gingen hoch, und erst Martin Luthers energische Predigten konnten die Gemüter in der Stadt wieder beruhigen – dies nur ein Beispiel aus jenen Jahren.

In diesen aufgewühlten Zeiten schöpfte Elisabeth Kraft aus einer Quelle, aus ihrer Christusverbundenheit. Diese beschreibt sie in einer Sprache, die ihre eigene, eine biblische und mystische ist, die aber auch vom Glaubensbekenntnis der alten Kirche und von der neuen evangelischen Lehre geprägt ist.

Biblische Worte sind in jedem Vers des Liedes aufzufinden. So geht »der Sohn, der aus dem Herzen des Vaters entsproß« auf Joh 1, 18 zurück. Der Satz »Das Herz uns zu dir wende« in Vers 4 mag dem Psalmvers »Neige mein Herz zu deinen Zeugnissen« (Ps 119, 36 f) entstammen. Elisabeth lebte in der Heiligen Schrift; aber sie war auch mit den altkirchlichen Glaubensbekenntnissen vertraut, die selbstverständlich von den Reformatoren als Basis des Glaubens anerkannt wurden. So heißt es in einem Bekenntnis der ersten christlichen Jahrhunderte: »Ich glaube an den einen Herrn Jesus Christus, Gottes einigen Sohn, der vom Vater geboren ist vor aller Zeit, Gott von Gott, Licht vom Licht, wahrhaftiger Gott vom wahrhaftigen Gott, geboren, nicht geschaffen.« Elisabeth hat dies im ersten Vers ihres Liedes aufgenommen. Interessant ist auch, wie sie den Satz des Glaubensbekenntnisses »geboren von der Jungfrau Maria« in einer ursprünglichen Fassung umdichtete zu »der Mutter unverloren ihr jungfräulich Keuschheit«.

Die mittelalterliche Mystik, diese innige Gotteserfahrung mit ihrer starken Bildersprache, die besonders in den Frauenklöstern gepflegt wurde, ist eine weitere Quelle, aus der Elisabeth schöpfte, vermutlich lebte sie seit ihrer Klosterzeit in dieser Spiritualität. Die Bildersprache dieser Mystik benutzte Elisabeth zum Beispiel im 3. Vers: das »Schmecken« der »Süßigkeit« Gottes, das »Dürsten« nach ihm – dies gehört seit Augustin und Bernhard von Clairvaux zu den kennzeichnenden Bildern der Mystik. Was ist damit gemeint? Schmecken, Durst haben, genießen mit allen Sinnen sind allgemein menschliche Erfahrungen, die als Ausdrucksmittel für eine geistliche Erfahrung stehen, die eigentlich nicht beschrieben werden kann. Trotzdem ist auch die Erfahrung der Nähe Gottes ein so packendes Ereignis, daß unsere menschlichen Gefühle und Sinne davon ergriffen werden. Dieses Erlebnis ist so stark, daß Elisabeth sagen kann: »Ertöt uns durch dein Güte, erweck uns durch dein Gnad.« Unter der geistlichen Berührung der göttlichen Gnade vollzieht sich eine Art Wiedergeburt, bei der manches in uns absterben muß, um für ein neues Leben Platz zu schaffen.

Daneben ist Elisabeths Lied stark geprägt durch die neue evangelische Lehre, die eigentlich keine Neuheit ist, sondern eine Erneuerung der alten Lehre, eine Reformation der Kirche. Im Mittelpunkt der evangelischen Lehre steht die Rückbesinnung auf die Bibel. Das bringt Elisabeth auch in ihren Liedern zum Ausdruck. Ebenso ist die Konzentration auf »Christus allein« bei ihr zu finden – kein höchstes Lehramt, keine Heiligen stehen zwischen Christus und den Glaubenden, deshalb kann sie eine direkte Beziehung zum dreieinigen Gott, zum lebendigen Christus, besingen. Die Kirche spielt nur indirekt eine Rolle, indem die Dichterin im letzten Vers Bezug auf die heilige Taufe nimmt. Hier klingt Martin Luthers Erklärung der Taufe im Katechismus an: »(Solch Wassertaufen) bedeutet, daß der alte Adam in uns durch tägliche Reue und Buße soll ersäuft werden und sterben ... und wiederum täglich herauskommen und auferstehen ein neuer Mensch.«

Elisabeth von Meseritz war, nach allem, was bekannt ist, eine eigenständige, tief religiöse Frau. Nachdem das Zölibat, die Ehelosigkeit der Priester, keinen religiösen Wert mehr für sie besaß, da es aus der Bibel nicht als Gebot Jesu abgeleitet werden konnte und auch als »gutes Werk« nicht mehr zählte, stand einer Heirat der Pfarrer, Mönche und Nonnen nichts mehr im Wege. So sah es auch Caspar Cruciger aus Leipzig, ein Schüler von Martin Luther und Philipp Melanchthon. Dies geschah nicht ohne Schwierigkeiten, Anfeindungen oder auch Ablehnung, wie folgende Worte aus einem zeitgenössischen Brief beweisen: »Über die hiesigen Verhältnisse werden andere besser berichten, Kilian oder Kaspar (Cruciger), der kürzlich eine Nonne geheiratet hat, was manchem mißfällt; doch tut Kaspar nichts Unüberlegtes!«

Über die Hochzeit von Elisabeth von Meseritz und Caspar Cruciger gibt es noch erhaltene Aufzeichnungen:

»Wie Doctor Martinus Luther Caspar Creutziger und Elisabeth von Meseritz ... vor der Pfarrkirchen zu Wittenberg zusammengegeben hat.

Erstlich sagt er zum Bräutigam: Also steht geschrieben: Im Schweis deines Angesichts wirstu dein Brot eßen. Diese lection hat Gott dir Caspar gegeben.

Folgend sprach er zu der Braut: Du sollst deine Kinder mit Kummer gebären.

Diese Lection hat Gott dir Elsa gegeben.

Nu ist eben das die Meinung, daß im ehelichen Leben Jammer und Not, Mühe und Arbeit ist. Wie ihr denn beide selbst wohl gelesen habt. Wo ihr nu euch beide miteinander begeben wollt, so mögt ihr das hie vor der Christlichen Gemeyn bekennen, Euch vor Gott das bekenntnis zu geben.

Und sagt darauf zum Bräutigam:

Caspar, was sagest Du darzu?

Der Bräutigam antwortet: Herr Doctor, Ja.

Darnach sprach er zu der Braut: Elsa, was sagest Du darzu?

Die Braut antwortet auch Ja.

Do stecket Doctor Martinus dem Bräutigam und der Braut die Ringe an und sprach: Was Gott zusammengefügt, soll der Mensch nicht scheiden. Gab also den Bräutigam und die Braut mit den Händen zusammen und sagt: Seyd fruchtbar und mehret euch.

Damit hätt das Zusammengeben ein Ende.

Ist Er (Cruciger) also, da Er geheyrathet, noch nicht Doctor, auch nur 20 Jahr alt gewesen.«

War die kirchliche Trauung eher nüchtern und das damalige Eheverständnis wenig romantisch, so wurde doch auch recht gerne üppig gefeiert: Johannes Bugenhagen schreibt davon an Georg Spalatin: »(Ich konnte nicht gleich antworten), weil ich zu Hause neben den häuslichen Geschäften die künftige Hochzeit unserer Elisabeth vorbereitete... Wir werden aber die Hochzeit am Dienstag Mittag und den ganzen Tag feiern, der von heute an der 13. Tag sein wird. Der Bräutigam aber, Kaspar Cruciger aus Leipzig, und die Braut, meine Elisabeth, ich und meine Gattin bitten, daß Du mit Freunden, die Du mitbringen willst, bei uns sein mögest ... und wenn es Dir nichts ausmacht, etwas Wildbret zu schicken! Für ungefähr zehn Tische müssen wir Speisen bereiten, denn wir haben Rücksicht zu nehmen auf die (leibliche) Verwandtschaft der Braut...«

Elisabeth Cruciger gebar zwei Kinder: Caspar, genannt der Jüngere, der als Theologe Melanchthons Nachfolger wurde und später zur reformierten Kirche übertrat, und Elisabeth, die später Rektor Kegel in Eisleben heiratete und nach dessen Tod Luthers Sohn Johannes.

Wie war wohl das Ehe- und Familienleben in Wittenberg im 16. Jahrhundert für diese Theologen- und Pfarrfrau? Leider wissen wir nur wenig darüber. Ihr Mann schrieb selten über persönliche Dinge. Er unterstützte Luther bei der Bibelübersetzung, ab 1528 war er dann als Professor der Theologie und Prediger an der Schloßkirche in Wittenberg beschäftigt. Über seine Fähigkeiten, besonders als »Schnellschreiber« und Protokollant (z. B. von Luthers Predigten), wird Lobendes erwähnt: »Die Lutheraner haben einen Schreiber, gelehrter als alle Päpstlichen«!

Spuren von Elisabeths Charakter können wir einigen Briefen entnehmen. Vielleicht aber sagt diese Art der Zurückhaltung etwas aus über Elisabeths Diskretion – sich nicht in den Vordergrund zu schieben, aber deshalb noch lange nicht »sprachlos« oder unsichtbar zu sein! Johannes Bugenhagen schreibt einmal von Lübeck aus an Martin Luther: »(Ein Freund) sagt, daß ihr alle gesund seid, daß du mit Philipp (Melanchthon) ein Gastmahl gefeiert hättest ... Herr Philipp hätte mir nicht schreiben können, da er vom Gastmahl weg zur Prüfung der neuen Magister geeilt sei. In der Zwischenzeit hat jener nur einen Brief der Gattin unseres Crucigers an meine Frau beigebracht. Darin stand nichts Schlimmes; dennoch sagt mir eine Vermutung, daß die kluge Frau uns verschwiegen haben könnte, wenn etwas Schlimmes passiert gewesen wäre. Deshalb schwankt mein Geist zwischen Hoffnung und Furcht, doch die Hoffnung beginnt stärker zu sein...«

Elisabeth Cruciger galt offenbar als umsichtig und klug. Daß sie auch engen Kontakt mit Luthers Ehefrau Katharina geborene von Bora hatte, geht aus folgendem Brief hervor, der leider nicht vollständig erhalten ist. In diesem Brief schreibt Martin Luther 1532 an Caspar Cruciger:

»Gnade und Frieden. Gestern brachte deine Elisabeth ein goldenes Geschenk meiner Herrin (Käthe Luther) für ein Gastgeschenk vom Markt, mein Caspar, das sehr erwünscht und ein Zeichen der Dankbarkeit war. Ich schicke wiederum deiner Herrin (Elisabeth Cruciger) dieses Marktgeschenk, das zwar dem deinigen unähnlich ist, aber nicht unähnlich in der Absicht und dem Eifer, welches du nicht verachten mögest ... es könnte vom Hals herabhängen ... Leb wohl mit all den Deinen! Am Samstag des Heiligen Apostels Thomas 1532. Dr. Martinus Luther.«

Was hat Elisabeth wohl erhalten? Vielleicht ein Halsband, eine Kette? Und warum machte Elisabeth Katharina Luther ein so wertvolles, goldenes Geschenk? Oder war es vielleicht ein Erbstück? Wir können nur spekulieren – zumindest geht daraus hervor, daß zwischen beiden Pfarrfrauen enge Kontakte bestanden, wenn nicht gar Freundschaft. Beide waren adliger Abstammung, waren in einem Nonnenkloster aufgewachsen, hatten sich aus eigenem Entschluß der neuen Bewegung zugewandt und den mutigen Schritt getan, das gewohnte Leben im Kloster zu verlassen. Schließlich hatten beide einen Theologen der neuen Lehre geheiratet, was wiederum einen gewaltigen Schritt in gesellschaftliches Neuland bedeutete, denn für die soziale Rolle »Pfarrfrau« gab es ja noch kein Vorbild. Gewiß war es spannend, etwas ganz Neues, eine neue Lebensform auszuprobieren, aber es gab auch große Schwierigkeiten: so zeigte es sich besonders im Witwenstand, wie ungesichert diese neue Situation der Pfarrfrau war. Elisabeth Cruciger starb noch vor ihrem Mann, aber Katharina Luther hatte als Pfarrwitwe noch keinen sozialen Ort und starb schließlich verarmt und verlassen – und das war nicht unbedingt der Hartherzigkeit der Umgebung anzulasten, sondern spiegelt eher die Schwierigkeit wider, mit dem neuen Stand der Pfarrfrauen angemessen umzugehen. Denn sie waren keine »gelernten« Frauen, weder Bäuerinnen noch Handwerkerfrauen, auch aus dem aristokratischen Netzwerk waren sie durch ihre Heirat herausgefallen – wo gehörten sie jetzt hin? Es dauerte einige Zeit, bis die evangelische Kirche die Probleme der Pfarrfrauen lösen konnte; Elisabeth Cruciger hat es nicht mehr erlebt.

Aber sie hat in der evangelischen Kirche eine Heimat gefunden. Vielleicht hat sie auch noch andere Lieder gedichtet, sie sei, betont ein alter Biograph, »eine große Freundin geistlicher Lieder gewesen und hat auch selbst verschiedene verfertigt«. Leider sind von diesen anderen Liedern keine Spuren geblieben.

Überliefert ist aber ein Traum von ihr: Sie hätte einmal geträumt, daß sie in der Kirche in Wittenberg gepredigt habe. »Ihr Eheherr habe dies auf ihre Lieder bezogen, und mit lachendem Munde gesagt: ›Vielleicht will euch der liebe Gott für würdig erachten, daß eure Gesänge, mit denen ihr zu Hause immer umgeht, in der Kirche sollen gesungen werden.‹« Es sollte noch lange dauern, bis Frauen in der evangelischen Kirche predigten.

Elisabeth starb am 2. Mai 1535 in Wittenberg. Ihr Mann muß darüber sehr traurig und verzweifelt gewesen sein. Melanchthon berichtet in einem Brief: »...Cruciger nahm Sebaldus als Begleiter mit, damit er seine Trauer aufhebe, denn Cruciger hat die Gattin verloren.«

Auch wenn wir kein Bild von ihr haben, so steht sie uns doch mit ihrer tief empfundenen Frömmigkeit, ihrem mutigen und konsequenten Lebenslauf und ihrer Bildung als eine der »Mütter der Reformation« vor unse-

rem inneren Auge. Und in ihrem Lied »Herr Christ, der
einig Gotts Sohn« lebt sie durch die Jahrhunderte in den
Gemeinden weiter.

Ämilie Juliane von
Schwarzburg-Rudolstadt

Der Anstaltsgeistliche steht auf dem Podium und dirigiert. Die Gefangenen, mit Gesangbüchern in der Hand, singen stehend den Choral »Bis hierher hat uns Gott geführt in seiner großen Güte«.

Diese Szene aus dem »Hauptmann von Köpenick« von Carl Zuckmayer ist vielen bekannt; weniger bekannt allerdings sind Leben und Werk der Dichterin dieses Liedes: Ämilie Juliane von Schwarzburg-Rudolstadt.

Es war im Dreißigjährigen Krieg. Haß und Gewalt, Feuer und Mord beherrschten das Leben der Menschen in Deutschland – auch Adlige blieben davon nicht verschont. Weil in ihrem Landstrich, der Grafschaft Barby, ihr Leben in Gefahr war, flüchteten die Eltern von Ämilie Juliane, Sophie-Ursula Gräfin von Delmenhorst, und ihr Mann, Albrecht Friedrich Graf von Barby und Mühlhausen, zu einem Verwandten, Ludwig Günther, Graf von Schwarzburg, der auf der Heidecksburg bei Rudolstadt lebte. Dort kam die kleine Ämilie Juliane zur Welt – als Flüchtlingskind. Zur Taufe der Kleinen kam auch ihre Patin, Antonie von Delmenhorst, auf die Heidecksburg. Sie war Canonissin des Stiftes Quedlinburg, gewissermaßen eine evangelische »geistliche Dame«. Ludwig Günther Graf von Schwarzburg verliebte sich in sie, und so residierte auf der Heidecksburg bald wieder eine Landesmutter. 1641 starb Ämilie Julianes Vater und 1642 ihre Mutter. Die kleine Waise wurde nun von ihrer Patentante als Pflegekind aufgenommen. Geborgen in der Großfamilie und gemeinsam mit den drei Pflegeschwestern und dem Pflegebruder wuchs Ämilie Juliane heran. Über ihre Erziehung wird in einer alten Lebensbeschreibung berichtet: die Kinder wurden gemeinsam erzogen in »guten Disciplinen und heilsamen Wissenschaften, als der Rhetorica (Redekunst), Historia, Genealogia (Ahnenforschung) und so weiter; und brachtens in der Poesie so weit, daß sie gar fertig ein deutliches, reines und angenehmes Gedichte auff allerley Fälle schon in der Jugend schreiben konnten...« Von Ämilie Juliane heißt es, daß sie die lateinische Sprache liebte, die antiken Dichter gut lesen und sogar in deren Stil dichten konnte. In einem Brief ermahnt sie ihre Pflegeschwestern, sie möchten »ihren Studiis mit mehrerem Fleiß obliegen, damit alle diejenigen, deren gefaßte Meinung, ob vermöchten die Weibsbilder zum Studieren keineswegs tüchtig sein, überwiesen und dero unbegründetes Vorgeben könnte verworfen werden«. Sie legte ein Andachtsbuch an, in das sie geistliche Lieder, Gebete und ähnliches schrieb. Welche davon ihre eigenen ersten Verse waren, läßt sich nicht mehr rekonstruieren.

Die Pflegeeltern von Ämilie Juliane waren fest in ihrer lutherischen Kirche verwurzelt – Bibel, Gesangbuch und Luthers Katechismus waren sozusagen ihre »Welt«, in der sich Erwachsene wie Kinder zu Hause fühlten. Da gab es nichts zu rütteln; vielleicht war diese Zeit der sogenannten Orthodoxie im Protestantismus, die heute oft als starr und streng empfunden wird, für die Menschen damals ein stabiler Rahmen. In den Kriegswirren, den zerrütteten Verhältnissen, als nach Kriegsende große Teile Deutschlands verwüstet und der Anteil der Bettler teilweise bei 30 Prozent der Bevölkerung lag, war die Kirche für die Menschen als geistige und geistliche Heimat wichtig, ein Ort der Geborgenheit, wo

Junge und Alte in Liedern, Gebeten, Verhaltensweisen und Werten Hilfe bei der oft schwierigen Lebensbewältigung fanden.

Die Pflegeeltern und ihre Kinder lebten keine sture und zwanghafte Frömmigkeit, die Gräfin und der Graf von Schwarzburg neigten einer religiösen Richtung zu, die eine persönliche Beziehung zu Gott und Christus pflegte und betonte, gleichzeitig aber großen Wert auf »praktisches Christentum«, auf Taten der Nächstenliebe im Alltag, legte. Diese Richtung, die sogenannte Reformorthodoxie, wurde vertreten durch die vielgelesenen »Vier Bücher vom wahren Christentum« des Johann Arndt oder der Schrift »Christianopolis« von Johann Valentin Andreae, in der die Vision eines christlichen Gemeinwesens entworfen wird. Besonders bei Johann Arndt kommt immer wieder eine verborgene Vorstellung christlicher Spiritualität ans Licht: die sogenannte »Brautmystik«. In den Frauenklöstern des Mittelalters entwickelten die Nonnen im Anschluß an den Theologen und Mystiker Bernhard von Clairvaux Bilder, um ihre religiösen Erlebnisse und Empfindungen auszudrücken: ihre Seele im Bild der Braut und Christus als Bräutigam. So wie sich Braut und Bräutigam nacheinander sehnen, sich in Liebe verzehren und auf die Hochzeit, eine tiefe Vereinigung an Leib und Seele, hoffen, so sehnt sich die gläubige Seele nach Christus und er sich nach ihr. Diese Bildersprache findet sich in vielen Texten des Mittelalters. In der Reformationszeit zurückgedrängt, war es hauptsächlich Johann Arndt, der diesen Reichtum des religiösen sprachlichen Ausdrucks für den protestantischen Bereich erhalten und vermittelt hat. Es ist denkbar, daß gerade Frauen, die tiefe Erfahrungen und Empfindungen des Glaubens an

Christus hatten, zu dieser Bildersprache als angemessenem Ausdrucksmittel griffen. Ämilie Juliane (wie auch ihrer Lieblingspflegeschwester Ludämilie) muß diese Sprachweise sehr entgegengekommen sein, da sie in vielen ihrer Lieder und Gedichte vorkommt.

Zudem hatten sie auf der Heidecksburg in Ahasverus Fritsch einen Mann als Erzieher, der selbst von dieser Art der Frömmigkeit durchdrungen war und unendlich viel religiöses Schrifttum produzierte. Er leitete auch Ämilie Juliane an und korrigierte sie, wenn sie dichtete.

Als die Kinder herangewachsen waren, verliebte sich Albert Anton in seine Pflegeschwester Ämilie Juliane und heiratete sie schließlich 1665 – nun war sie Landesmutter! Auch wenn sie ihr bekanntes Lied »Bis hierher hat mich Gott gebracht« nicht für die eigene Hochzeit gedichtet hatte, sondern für »Mittwochs nach der Mahlzeit«, so drückt es doch gewiß auch ihre Gefühle bei diesem einschneidenden Ereignis aus:

1. Bis hierher hat mich Gott gebracht
durch seine große Güte,
bis hierher hat er Tag und Nacht
bewahrt Herz und Gemüte,
bis hierher hat er mich geleit',
bis hierher hat er mich erfreut,
bis hierher mir geholfen.

2. Hab Lob und Ehr, hab Preis und Dank
für die bisher'ge Treue,
die du, o Gott, mir lebenslang
bewiesen täglich neue.
In mein Gedächtnis schreib ich an:
der Herr hat Großes mir getan,
bis hierher mir geholfen.

3. Hilf fernerweit, mein treuster Hort,
hilf mir zu allen Stunden.
Hilf mir an all und jedem Ort,
hilf mir durch Jesu Wunden;
damit sag ich bis in den Tod:
durch Christi Blut hilft mir mein Gott;
er hilft, wie er geholfen.

Ämilie Juliane geht hier von einer biblischen Geschichte
aus: »Da nahm Samuel einen Stein und setzte ihn zwischen Mizpa und Sen und hieß ihn Eben-Ezer und
sprach: Bis hierher hat uns der Herr geholfen« (1. Sam
7, 12). Sie dankt Gott in ihrer klaren, einfachen Sprache
für die erwiesene Hilfe. Im dritten Vers kommt sie auf
das für sie so wichtige Thema, die Blut- und Wunden-
frömmigkeit. Es heißt hier: »hilf mir durch Jesu Wunden« und »durch Christi Blut hilft mir mein Gott«;
damit drückt die Dichterin aus, wie entscheidend es für
ihr Lebensgefühl ist, daß Jesus Christus am Kreuz gelitten hat und gestorben ist. Manchmal wirkt diese Aus-
sage schon etwas schablonenhaft, aber für Ämilie
Juliane hat sie gewiß eine tiefe existentielle Bedeutung
gehabt. Diese Frömmigkeit hat ihr in den Wirrnissen,
Gefahren und Bedrohungen des Lebens Halt gegeben.
In dieser Zeit, gegen Ende des 17. Jahrhunderts, der
bereits genannten »Reformorthodoxie«, stand nicht so
sehr die »reine Lehre« der Kirche, sondern mehr der ein-
zelne Mensch innerhalb seiner Kirche im Mittelpunkt.
Das Leben als Schloßherrin auf der Heidecksburg ver-
langte von Ämilie Juliane einige Führungsqualitäten, ihr
Koch- und Haushaltungsbuch gibt über die umfangrei-
chen Aufgaben Auskunft. Kennzeichnend für ihre Art,
Religiosität und Alltagsaufgaben zu »vernetzen«, ist

schon das Vorwort dieses handgeschriebenen Buches: »Nachdem alle Ding durch Gottes Segen, wofern sie in seinem Namen angefangen, regiert werden, also muß vor allen Dingen in der Haushaltung das gebet vorher gehen, daß es recht heißt: ora et labora (= bete und arbeite), und wie Sirach saget am 11. Kapitel seines Buches: Es kompt alles von Gott, Glück und Unglück, Leben und Tod, Armuth und Reichthum, den Frommen gibt Gott Güter, die da bleiben, und was er bescheret, das bleibet immerdar. Wenn nun das Hausregiment mit einem starken Gebeth angefangen würd, folget alsdann gewiß, das der Segen des Herrn reich machet, dazu einem jeden frommen Haußvater und Haußmutter Gott der allerhöchste seine Gnad verleihen und geben wolle, Amen.«

Ämilie Julianes Haushalt war groß: nach einer handschriftlichen Liste von ihr zählten 152 Personen zur »Hochgräflichen Hoffstatt Rudolstadt«, die »Summa alles Bettwerghs« auf der Burg umfaßte 205 Betten, 134 Pfühle und 95 Kissen..., auch diese Verzeichnisse haben »Im Namen Jesu« als Überschrift. Dabei war von der Matratzenfüllung über »Barchent« als Inlettbezug bis zum Leinen der Bettbezüge alles erst herzustellen (Rechnungen darüber sind noch im Archiv der Heidecksburg vorhanden, etwa über eine Lieferung von »766 Ellen gebleichten Drill«). Zwar hatte Ämilie Juliane eine Verwalterin (die »Hoffmeisterin« Marie von Schlainitz, geborene von Güntherode) und andere Personen, aber die letzte Verantwortung für den ganzen Schloßbetrieb lag doch bei ihr als »Haußmutter«.

Schon die tägliche Versorgung der Bewohnerinnen und Bewohner auf der Heidecksburg war eine große Aufgabe: zum Besitz gehörten natürlich auch ausgedehnte

landwirtschaftliche Güter, von deren Ertrag der »Hoch-
gräfliche Hoffstatt« lebte. Der Großteil der Versorgung
in der kalten Jahreszeit kam aus der Vorratshaltung. Das
bedeutete eine intensive Arbeit zur Erntezeit, und entsprechende Rezepte und Ratschläge finden sich auch im
Koch- und Haushaltungsbuch von Ämilie Juliane. So
notierte sie »Im Namen Jesu / das trukene Obst mit Zuk-
ker zu machen« oder »Citronen Waßer zu kochen«,
sogar das Rezept für ein »Weiber-Aquavita«. Die Be-
schreibung, was zu tun ist, wenn eine Kuh verhext ist,
gehört auch zur Haushaltung im 17. Jahrhundert! Kuh-
und Schweineställe befanden sich innerhalb der Burg,
ebenso die Pferdeställe.
Und neben dem alltäglichen Leben gab es immer wieder
kleinere und größere Höhepunkte: Besuche etwa der
Verwandtschaft, aber manchmal auch von hohen Herr-
schaften. Dann galt es einen standesgemäßen Empfang
vorzubereiten: Immerhin umfaßte die Musikkapelle
ohne die Sänger 26 Personen, dazu 14 Trompeter. Die
Verzeichnisse dieser Personen legte Ämilie Juliane ge-
wissenhaft an, immer unter der Überschrift »Im Namen
Jesu«. Welche Aufregung diese Besuche für sie mit sich
brachten, kommt in einem ihrer Gedichte »Beim Abzug
der Gäste« zum Ausdruck:

Hab Danck für Deinen Segen,
den du gabst allerwegen,
dadurch wir hatten stetig,
was zur Bewirtung nötig.

Alles, was sie bewegte, brachte sie in Liedern vor ihren
Gott – Freud und Leid, Alltag und Sonntag, das Kirchenjahr natürlich und kirchliches Leben.

1. Sorge, Vater, sorge du,
sorg für meine Sorgen!
Sorge selbst für meine Ruh'
heut sowohl als morgen.
Sorge für mich allezeit,
sorge für das Meine;
o du Gott der Freundlichkeit,
sorge du alleine!

2. Sorge, wenn der Tag anbricht,
sorg für Leib und Seele;
sorge, daß ich niemand nicht
sie als dir befehle.
Sorge, Höchster, für und für
auch für meine Sinne;
sorge, daß zuwider dir
ich ja nichts beginne!

3. Sorge, laß dein Wort uns auch
bis an unser Ende,
daß ich bis zum letzten Hauch
nie von dir mich wende.
Sorge für die Obrigkeit,
Diener deines Wortes
und dazu für alle Leut'
jedes Stands und Ortes.

4. Sorge, großer Menschenfreund
für uns, deine Kinder,
sorge, Herr, für Freund und Feind,
sorge für die Sünder!
Sorge für mein täglich Brot;
sorge doch für alle,
die in Arbeit oder Not;
sorge, wenn ich falle.

Nichts ist ausgeschlossen, sogar ein Verzeichnis des Schmuckes ihres Mannes versah sie mit der Überschrift »Im Namen Jesu« und dem Nachsatz: »Gott schütze alles wie bisher und segne es je mehr und mehr«.

Feste feiern, Schmuck, Grund und Boden besitzen – nie wäre es Ämilie Juliane wohl in den Sinn gekommen, dies grundsätzlich abzulehnen! Radikale Armut war ihre Sache nicht – voll und ganz akzeptierte sie ihren gesellschaftlichen Ort mit seinen Pflichten und Aufgaben. Gewiß wandte sich Ämilie Juliane immer wieder gegen allzu prunkvolle Feste, wie sie im Barock damals an manchen Fürstenhöfen üblich waren, aber seinen »Stand« in Frage zu stellen – das war für sie undenkbar. Hier zeigt sich auch ein eher protestantisches Berufsethos: nicht aus der Welt zu fliehen, sondern da, wo Gott mich hingestellt hat – ob in der Waschküche des Schlosses oder als Landesmutter – da will ich mein Bestes nach Gottes Willen tun. So dichtete Ämilie Juliane in ihrem Lied »Einer Obrigkeit«:

> Mein Jesu! hilff mit That und Rathe!
> daß ich stets leb nach meiner Pflicht;
> nach dir mich richte früh und spate;
> mit Willen mich versäume nicht;
> hilff! daß mein Amt ich führe wohl;
> recht richt, helff, straffe, wie ich soll.

Sie richtete regelmäßige Stiftungen für Bedürftige ein, ebenso für Vertriebene, deren Schicksal sie ja selbst als Kind erfahren hatte. So kann sie auch dichten:

> Ich will, Gott, nach deiner Hand
> Jetzt von einem Ort zum andern
> Als ein armer Exulant,

Wo du hin willst, mit dir wandern.
Ich verlasse bloß um dich,
Der du dich auch gabst für mich,
Alle Habe williglich.

Die Verheerungen des Dreißigjährigen Krieges wirkten immer noch nach, und viele Menschen hatten Haus und Hof verloren. Für Männer und Frauen mit Entscheidungsbefugnis und Verantwortung gab es daher viele Gelegenheiten, praktisches Christentum zu leben. In diese Zeit fiel auch ein für Ämilie Juliane sehr schmerzliches Ereignis: Innerhalb weniger Tage starben ihre drei Pflegeschwestern an Masern! Mit Ludämilie, einer der Pflegeschwestern, war sie von klein auf besonders innig verbunden gewesen; beide hatten im Wettstreit geistliche Lieder verfaßt, wobei Ludämilie wohl die begabtere war – ihre Lieder fanden sich noch um die Jahrhundertwende in manchen Gesangbüchern. Ihr früher Tod 1672 hat Ämilie Juliane schwer getroffen. Diese schwere Zeit versuchte Ämilie Juliane in ihren Liedern zu verarbeiten.

Ämilie Juliane schenkte zwei Kindern das Leben, doch das erste, ein kleines Mädchen, starb schon bald nach der Geburt.

Nach glücklicher Entbindung

Kaum meinet ich, es gieng zum Tod,
es wär mit mir zum Ende
Da brachte Glück der Wunder-Gott;
da halffen seine Hände;
da riß er aus der Kindes-Noth,
und schenckte Leben für den Tod
der Meister mir zu helffen.

Doch die Natur bildete auch in anderer Hinsicht eine Gefahr: So konnte im Sommer jedes Unwetter für die Ernte und damit für die Lebensmittelversorgung eine große Bedrohung sein – die Liedergattung »Wetterlieder« war noch bis in unser Jahrhundert hinein eine bekannte Rubrik der Gesangbuchlieder, darunter war auch das »Wetterlied« von Ämilie Juliane zu finden.

Ich will mit dem, was mein
Dir ganz gelassen sein,
Dein Flügel wird uns decken,
verjagen alle Schrecken,
und lassen uns aus Gnaden
das Wetter gar nicht schaden.

Das Dichten geistlicher Lieder war Ausdruck ihres persönlichen Glaubens, aber ihre Lieder fanden auch ihren Platz in den täglichen Betstunden und Hausandachten im Schloß; denn die nach der Reformation noch längere Zeit geübten kirchlichen Stundengebete der Gemeinde wurden langsam abgelöst von der Privatandacht im eigenen Haus. Sich für diese Privatandachten eigene Lieder und Gebete auszudenken, wurde besonders im evangelischen Raum kultiviert; schließlich war und ist es ja gerade ein evangelisches Anliegen, das Priestertum aller Gläubigen zu verwirklichen.
Ämilie Juliane bedachte in ihren Liedern umfassend alle Wechselfälle des Lebens, und zwar bewußt als »Leben vor Gott im Alltag«. Jeden Wochentag hat sie viermal bedichtet, dazu das Kirchenjahr, aber sie dichtete auch ein Lied »Einer Kinder-Wärterin«, »Der Eltern, wenn sie ihr Kind in die Schule schicken«, »Einer Person, die einen Freyer hat« (»du siehest den, der mich begehrt, du

kennst am besten die Person, ob sie dich lieb, und folge dir, und ob du rathest mir zu ihr«). Einen Aspekt weiblichen Lebens bedenkt auch das Lied »Einer Officirs-Frauen, nachdem ihr Herr wieder glücklich nach Hause kommen«, endlich das »Einer Wittwen«. Daneben kann sie sich aber genausogut in junge Pfarrer (»Vor der Ordination«), Hofbeamte, Dienstboten, Tagelöhner und Heuschnitter hineindenken und für sie entsprechende Lieder dichten. Ihren Realitätssinn und ihre Lebenserfahrung drückt ihr Lied »Vor der (Erb-)Theilung« aus:

Hilff, daß wir uns gar nicht entzweyn
bei Theylung deiner Gaben,
einhellig und einmüthig seyn,
und gleiche Liebe haben,
damit wenn es geht an das Gut,
sich ja nicht etwa scheid das blut
und wir in Sünde fallen.

Dabei war es im deutschen Sprachraum noch nicht lange üblich, in der eigenen Sprache zu dichten. In der ersten Hälfte des 17. Jahrhunderts schrieb Martin Opitz seine epochemachende Schrift »Von deutscher Poeterey«, in der er die deutsche Sprache gesellschafts- und dichtungsfähig machte, ebenbürtig der lateinischen oder französischen. Dies war bis dahin keineswegs selbstverständlich, und erst jetzt begannen Deutsche, in der eigenen Sprache und natürlich nach den Regeln von Martin Opitz Gedichte zu schreiben. Dabei war nicht Originalität gefragt, sondern die souveräne Handhabung dieser Sprache und ihrer Regeln. Ämilie Juliane gehörte zu den Frauen, die an dieser »Dichterbewegung« teilhatten – sie war keineswegs die einzige Frau

(Katharina von Greiffenberg etwa wäre hier zu nennen), aber eine der wenigen Frauen, deren Lieder heute noch in den Gemeinden gesungen werden.

Manche haben an Ämilie Julianes Dichtung bemängelt, daß sie ohne originelle Bildersprache, sondern eher in einfachen Bildern dichtete. Dies entspricht jedoch einem zeitgenössischen Frömmigkeitsideal: Im aufkommenden Pietismus sollte gerade die Sprache der Gebete und Lieder nicht gekünstelt, sondern schlicht und von Herzen kommend sein.

Die Bewegung, in deutscher Sprache zu dichten, hatte zur Folge, daß sich Männer (teilweise auch Frauen) zusammenschlossen in sogenannten »Sprachgesellschaften«. Sie trafen sich in geselliger Form, trugen sich gegenseitig ihre Gedichte vor und diskutierten darüber. Da in diesen Sprachgesellschaften sowohl Adlige als auch Bürgerliche waren, und im Barockzeitalter die Standesunterschiede, auch die zwischen hohem und niedrigem Adel, sehr starr waren, gaben sich die Mitglieder neue »Vereinsnamen«. Die erste dieser Sprachgesellschaften war die »Fruchtbringende Gesellschaft« in Jena. In Anlehnung daran gründete Ahasverus Fritsch, der bereits erwähnte Kanzler von Schwarzburg-Rudolstadt, 1676 eine »Fruchtbringende Jesus-Gesellschaft«. Deren Mitglieder hatten nicht nur das Dichten geistlicher Lieder in deutscher Sprache, sondern auch praktisches Christentum zu ihrem Ziel gemacht. Sie bemühten sich bewußt um Arme und Schwache, besonders um Kinder. Auch in dieser Gesellschaft trugen die Mitglieder »Vereinsnamen«: Ämilie Juliane war die »Freundin des Lammes«. Unter diesem Namen erschienen später auch gedruckte Ausgaben ihrer Lieder.

Freude hatte Ämilie Juliane an ihren Enkelkindern: Ihr

einziger Sohn Ludwig Friedrich heiratete 1691 Anna-Sophie von Sachsen-Gotha; dieser Ehe entstammten elf Kinder, von denen acht überlebten. Wie es ihre Art war, faßte sie auch die Freuden und Sorgen des Großmutter-Daseins in Verse: »Wenn der Enkel zum ersten Mal in die Schule geht«, oder »...zum ersten Mal zum Heiligen Abendmahl« oder gar »Wenn der Enkel eine Rede hält«.

Mit zunehmendem Alter bekam Ämilie Juliane Stein- und Gichtleiden, wohl auch in »Ermangelung der Bewegung und wegen allzu vielen Sitzens, Schreibens, Meditierens«, wie ein zeitgenössischer Biograph schreibt.

Wegen ihrer Leiden suchte Ämilie Juliane nicht nur Hilfe in geistlichen Übungen, sondern auch bei Kuren in Karlsbad. Wenn je evangelischer Frömmigkeit »Verkopfung« und eine abwegige Trennung von Körper und Geist vorgeworfen wurde, so sind Ämilie Julianes Verse von ihrer Karlsbader Kur dagegen zu setzen:

Vor dem Gebrauch des Sauer-Brunnens

Mein Gott
weil du aus Lieb allhier
geschaffen Sauer-Brunnen
so danck ich dafür herzlich dir
und bin anjetzt gesonnen
desselben zu bedienen mich
hilff
daß ich dessen fruchtbarlich
zur G'sundheit mög genießen.

Ich hab zuerst die Seel curiert
mit Jesu Leib und Blute
hilff

daß die Brunnen-Cur geführt
werd auch dem Leib zu gute
ich lege mich in deine Händ
der Anfang
Mittel und das End
sey dir hierinn befohlen.

Trotz der Hoffnung auf Genesung war Ämilie Juliane
sich stets bewußt, daß sie eines Tages sterben mußte. Gerade im Barock lebten die Menschen aller Gesellschafts-
schichten in einer großen Bewußtheit des Endes allen
irdischen Lebens. Ja, man kann von der Todessehnsucht
als Gegenpol zu der üppigen Festkultur in dieser Epoche sprechen. So richtete Ämilie Juliane in den letzten
Lebensjahren neben der normalen Betstunde noch täglich um 16 Uhr eine Sterbe-Betstunde ein, um sich auf
den eigenen Tod, die »Hochzeit mit dem Lamm«, vorzubereiten.
Da diese Art von Sterbekunst, die ars moriendi, aus un-
serem Leben weitgehend verschwunden ist, erscheint es
sinnvoll, an Ämilie Julianes Lied diese Kunst näher zu
betrachten.

    1. Wer weiß, wie nahe mir mein Ende!
    Hin geht die Zeit, her kommt der Tod;
    ach, wie geschwinde und behende
    kann kommen meine Todesnot.
    Mein Gott, ich bitt durch Christi Blut:
    machs nur mit meinem Ende gut.

    2. Es kann vor Nacht leicht anders werden,
    als es am frühen Morgen war;
    denn weil ich leb auf dieser Erden,

leb ich in steter Todsgefahr.
Mein Gott, ich bitt durch Christi Blut:
machs nur mit meinem Ende gut.

3. Herr, lehr mich stets mein End bedenken
und, wenn ich einstens sterben muß,
die Seel in Jesu Wunden senken
und ja nicht sparen meine Buß.
Mein Gott, ich bitt durch Christi Blut:
machs nur mit meinem Ende gut.

4. Laß mich beizeit mein Haus bestellen,
daß ich bereit sei für und für
und sage frisch in allen Fällen:
Herr, wie du willst, so schicks mit mir!
Mein Gott, ich bitt durch Christi Blut:
machs nur mit meinem Ende gut.

5. Ich habe Jesum angezogen
schon längst in meiner heilgen Tauf;
du bist mir auch daher gewogen,
hast mich zum Kind genommen auf.
Mein Gott, ich bitt durch Christi Blut:
machs nur mit meinem Ende gut.

6. Ich habe Jesu Leib gegessen,
ich hab sein Blut getrunken hier;
nun kannst Du meiner nicht vergessen,
ich bleib in ihm und er in mir.
Mein Gott, ich bitt durch Christi Blut:
machs nur mit meinem Ende gut.

7. So kommt mein End heut oder morgen,
ich weiß, daß mir's mit Jesus glückt;
ich bin und bleib in deinen Sorgen,

mit Jesu Blut schön ausgeschmückt.
Mein Gott, ich bitt durch Christi Blut:
machs nur mit meinem Ende gut.

8. Ich leb indes in dir vergnüget
und sterb ohn alle Kümmernis.
Mir g'nüget, wie mein Gott es füget;
ich glaub und bin es ganz gewiß:
Mein Gott, aus Gnad durch Christi Blut
machst du's mit meinem Ende gut.

Auch bei diesem, noch heute gesungenen Lied, ver-
wendet Ämilie Juliane viele biblische Bilder: so etwa
Ps 90, 12, »Lehre uns bedenken, daß wir sterben müssen«, oder das Bild von der Taufe als einem Kleid, das
wir anziehen, wodurch die innige Gemeinschaft mit
Christus ausgedrückt wird: »Denn ihr alle, die ihr auf
Christus getauft seid, habt Christus angezogen« (Gal 3,
27). Ebenso findet sich in diesem Lied der Hinweis auf
das Blut und die Wunden des gekreuzigten Jesus, die
Grundlagen ihres Glaubens. Diese Konzentration auf
das Leiden des Gekreuzigten ist kennzeichnend für ihre
Zeit – von Martin Luther zum Beispiel gibt es kein einzi-
ges Passionslied, die eindrucksvollsten Passionslieder
stammen aus dem Barock.
Eine weitere Vorstellung des Barock war, daß man sich
auf den Tod vorbereitete wie eine Braut auf die Hochzeit. Deshalb kann es bei Ämilie Juliane auch im Zusammenhang mit dem Sterben heißen: »...ich bin und bleib
in deinen Sorgen, mit Jesu Blut schön ausgeschmückt«.
Noch deutlicher kommt dies in einem andern Lied zur
Sprache, das auch ein Sterbelied ist: »Es geht zur Hochzeit zu, die Krone blinkt von oben ... es ist Zeit über

Zeit, daß ich den Schmuck anleg.« Das Sterben und die Todesschrecken werden nicht als ein dunkler Abgrund verstanden, sondern als freudvolle Hochzeit, für die eine Frau den schönsten Schmuck anlegt – ist dies nicht eine wahrhaft christliche Haltung dem Tod gegenüber, dessen Schrecken durch die Auferstehung Jesu Christi besiegt sind?!

Ämilie Juliane entschlief zur Zeit ihrer Sterbe-Bet-stunde, um 16 Uhr, am 3. Dezember 1706. Ihr Sarkophag steht heute noch in der Stadtkirche in Rudolstadt. Den Predigttext für ihre Leichenpredigt hatte sie selbst bestimmt: »Christus ist mein Leben und Sterben mein Gewinn« (Phil 1, 21). Zu ihren Ehren und zu ihrem Gedenken fanden Gottesdienste und Feiern im ganzen Land statt, sie sind alle gesammelt in dem »Schwarzburgischen Denckmahl einer Christ-Gräflichen Lammes-Freundin«. Die Redner stellten Ämilie Juliane ganz selbstverständlich in die lange Reihe begabter und berühmter Frauen.

Was macht den Zauber ihrer Lieder aus, daß auch im 20. Jahrhundert noch ihr »Bis hierher hat mich Gott gebracht« und »Wer weiß, wie nahe mir mein Ende« bekannt ist und gesungen wird? Vielleicht ist es ihr ehrliches Empfinden und ihr echter Glaube: jeder Augenblick ihres Lebens war stets ein Augenblick vor Gott.

Magdalena Sibylla Rieger

Das 18. Jahrhundert war eine Zeit in Deutschland, die den geistlichen Dichterinnen wohlgesonnen war, so daß ein Gelehrter hundert Jahre später ausrufen konnte: »Welche Frauen! Welcher Reichtum!«

Eine davon ist die Württembergerin Magdalena Sibylla Rieger. Von ihr stammt das Lied »Meine Seele voller Fehle« im Regionalteil für Württemberg des Evangelischen Gesangbuchs.

Die Persönlichkeit von Magdalena Sibylla ist wie ein vielschichtiges Gemälde – man muß etwas daran kratzen oder vielmehr behutsam die Schichten abtragen, um ihr wirklich nahe zu kommen. Zu Lebzeiten wurde sie als »gekrönte Dichterin« gefeiert, einige Generationen später sah man sie als »kindlich-einfältige Seele« und im 20. Jahrhundert wurde sie von Lion Feuchtwanger in seinem Drama und Roman »Jud Süß« als erotisch-attraktive Frau dargestellt und gelangte mit den vielfachen Übersetzungen des Romans zu internationaler Bekanntheit.

Was für eine Persönlichkeit mag sie wohl gewesen sein? Sie war gewiß eine tief fromme und starke Frau, mit Ecken, Kanten und den Grenzen, die ihr durch ihre Zeit vorgegeben waren.

Sie wurde am 29. Dezember 1707 in Maulbronn als Tochter von Maria Dorothea Rieger, geborene Schreiber, und des Philipp Heinrich Weissensee geboren. Der Vater war Klosterpräceptor, also Lehrer am dortigen Knabeninternat. Ein Biograph erzählt: »Da ihre Mutter nämlich sie noch unter dem Herzen trug, hatte diese beim Raubeinfall der Franzosen einen großen Schrekken durchzumachen; beide Eltern flüchteten, von beständigem Kriegslärm umschwärmt, nach Schwäbisch Hall, wobei der Wagen zweimal umstürzte.« Die Zeit des beschwingten Rokoko, der vielen galanten Feste und des verfeinerten Lebensgenusses hatte auch diese düstere Seite. Als Philipp Heinrich Weissensee nach Blaubeuren an die dortige Schule wechselte, war Magdalena Sibylla gerade ein Jahr alt. Beim Umzug über die schneebedeckte Alb wäre das Kind fast erfroren. Ihre ständigen Kopf- und Nervenbeschwerden brachte sie später mit diesem Erlebnis in Zusammenhang – vielleicht nicht zu Unrecht.

In jener Zeit starben die Kinder oft schon in jungen Jahren, denn Kinderkrankheiten waren lebensgefährlich. Auch konnten Bäuerinnen, die den ganzen Tag auf dem Feld arbeiten mußten, ihre Kinder häufig nicht genügend beaufsichtigen, so daß sie zuweilen an den Folgen häuslicher Unfälle starben. Auch Magdalena Sibylla verlor ihre beiden Brüder schon in frühen Jahren, deshalb wandte ihr Vater viel Energie auf für die Erziehung seines einzigen Kindes. Er lehrte sie alte und neue Sprachen, Natur- und Weltgeschichte, und führte sie in die Welt der Bibel ein. Unter seiner Anleitung übte sie auch Gesang und Klavier (das »Clavecin«) und erlernte die Dichtkunst. Die gelehrige Schülerin machte rasch Fortschritte und war der Stolz des Vaters. Mochte sie auch noch so begabt sein, eine systematische Ausbildung am Gymnasium oder gar der Universität war damals unmöglich für ein Mädchen. Sicher hat sie daher ihren Vater manchmal mit gemischten oder bitteren Gefühlen in das traditionsreiche Klostergebäude in Blaubeuren gehen sehen, in dem alle begabten Jungen des Landes, auch die aus recht armen Familien, die Chance bekamen, kostenlos zu lernen, so daß ihnen eines Tages, nach dem Abitur, alle Laufbahnen in Kirche und Gesellschaft offen standen. Und viele dieser Schüler, die Magdalena Sibylla vielleicht von der Küche oder dem Garten aus beobachten konnte, sind später Pfarrer und Beamte geworden, denn die ehemaligen Klosterschulen waren ja die Pflanzstätten des evangelischen Württemberg.

Recht jung schloß Magdalena Sibylla die Ehe mit Emmanuel Rieger, dem Bruder des bekannten Theologen Georg Konrad Rieger. Über diese frühe Eheschließung schreibt sie später mit der ihr eigenen treffsicheren und unverblümten Sprache:

Ich ging von meinen Eltern aus
vielmehr noch mit der Kinder Docken
dann mit der Nadel, Zwirn und Rocken
und solt nun einem eignen Haus,
gebührlich vorzustehen wissen
und ehlich einen Bräutgam küssen...

Die Freiheit, die ich hier verlohr,
noch eh ich wußte, sie zu schätzen,
die wußte Gott wohl zu ersetzen
und gab mir tausend guts davor
und einen Mann nach meinem Herzen.

Magdalena Sibylla war also eine Ehefrau ihrer Zeit. Innerhalb der damaligen Bewegung des Pietismus, der »bewußt Frommen«, verlief ihr Leben in den üblichen gesellschaftlichen Grenzen. Denn es gab damals durchaus auch »wilde Frauen«, die, getrieben von ihrer ekstatischen Frömmigkeit, in wilden Horden durchs Land zogen und der geistlichen und weltlichen Obrigkeit zu schaffen machten.

Magdalena Sibylla aber war ganz Hausfrau und Mutter. Der Haushalt eines damaligen höheren württembergischen Beamten, Emmanuel Rieger war zuletzt Stadtvogt von Stuttgart, umfaßte außer dem Ehepaar und seinen Kindern Maria Dorothea und Immanuel auch zahlreiche Dienstboten und Angehörige der älteren Generation. Jeder Haushalt war großteils auf Selbstversorgung angewiesen – allein die Vorratswirtschaft für die kalte Jahreszeit war eine anstrengende und langwierige Arbeit. Auch die Herstellung und Reparatur der Kleidung und Bettwäsche geschah meist innerhalb des Haushalts. Als Beispiel für den Umfang dieser Haushaltsarbeit lassen wir eine Zeitgenossin von Magdalena Sibylla zu Wort kommen mit einer Anweisung für die Behandlung der Wäsche (das Ganze dauerte von Montag bis Freitag!):

»Sonntag nach der Vesper setzt eine Wäscherin die Mittlere Wanne auf 2 Böcke ins Kämmerchen, macht Feuer unterm Kessel, dartinnen halb Wasser und halb Lauge, so warm, bis man die Hand nicht mehr darinnen leiden kann. Alsdann wird etwas Koch Seiffe und eine Gölte warmes Wassr in die Wanne gegossen, jedes Unterhemd stückweise eingetunket, in den Winkel der Wanne zusammengelegt, bis alle hinein sind, dann wieder gleich gelegt und immer Koch Seiffe und warmes Wasser dazwischen gegossen, mit dem Deckel zugedecket, biß an den Morgen stehen gelassen.« Dies ist nur der Auftakt der Wasch-Anweisung…

Magdalena Sibylla muß eine energische Person gewesen sein, denn ihrem Ärger über mangelnde soziale Entscheidungsmöglichkeit und Anerkennung verleiht sie in einem ihrer Gedichte beredt Ausdruck:

> Es wird uns kaum noch oft der Schlüssel anvertraut,
> die Küche, Heerd und Tisch und Keller
> zu verwalten,
> wir müssen jederzeit genaue Rechnung halten
> vor Erbsen, Linsen, Obst, Brod, Mehl, Holtz,
> Butter, Kraut.
> Die Kinder dürfen wir noch helfen auferziehen
> mehr weißheit und mehr witz ist weibern
> nicht verliehen...

Magdalena Sibylla lebte aber nicht nur innerhalb ihres Hauses, sondern hatte wohl auch wache Augen und Ohren für das, was draußen vor sich ging. Die Zeiten waren keineswegs geruhsam oder beschaulich, sondern eher hart und grausam. Kriege und Flüchtlingselend beschreibt sie in folgenden Versen:

> Wie wird die Luft erfüllt mit Klage, Weh und Ach
> wann halbe Menschen
> noch den Tod um Rettung flehn.
> Der röchelt, jener stirbt, der schreyt
> und dem wird schwach,
> und tausend kann man sonst
> verzweifelnd ringen sehen...
> Der meiste Jammer trifft gemeiniglich die Mütter.
> Trägt hie und da noch eins
> auch sein Verhängnis still:
> Ists Rahel doch, die sich nicht trösten lassen will...
> als ob der Mensch kein Mensch,
> ein Vieh zum Schlachten wär!

Hier nimmt Magdalena Sibylla Bezug auf die biblische Stammutter Rahel, die nach Jer 31, 15 um ihre vertriebenen Kinder weint bzw. nach dem Neuen Testament über den Tod der Kinder von Bethlehem (Mt 2, 18).

Magdalena Sibylla litt von Kindheit an unter Kopfweh, auch Magenkrämpfe machten ihr zu schaffen. Diese beständigen Schmerzen, von denen sie berichtet, waren gewiß auch seelisch bedingt; man könnte sie als einen körperlichen Protest dagegen interpretieren, daß sie als begabte und interessierte Frau von allen geistigen Betätigungen im öffentlichen Bereich ausgeschlossen war, wollte sie nicht bewußt gegen diese Grenzen verstoßen. Und dazu fehlte ihr der Mut. So war es für Magdalena Sibylla eine Art Selbsttherapie, Gedichte zu schreiben und sie im Familienkreis vorzutragen. Ihre Schmerzen wurden dadurch nach ihren eigenen Worten gelindert. Durch den Arzt Daniel Wilhelm Triller wurde sie von ihren Schmerzen fast vollständig geheilt, weil dieser nicht nur seine ärztliche Kunst anwandte, sondern sie als eine geistig rege Frau ernst nahm. Er machte ihr Mut, ihre Gedichte zu veröffentlichen. Sie wurden von der Öffentlichkeit mit großem Beifall aufgenommen.

Daß Magdalena Sibylla unter den Einschränkungen ihrer weiblichen bürgerlichen Rolle litt, zeigen folgende ironischen Verse:

> Die Ehre bleibt voraus dem männlichen Geschlecht:
> das hat gemeiniglich die Kunst allein gegessen
> von Weibern ist diß schon verwegen und vermessen
> das ist der Männer Looß und angemaßtes Recht
> Bey uns ist der Verstand im Mutterleib erfrohren
> wir sein zu nichts
> als nur zu ihrem Dienst gebohren...

Vergessen wir nicht: das 18. Jahrhundert war noch ein Zeitalter der angeborenen Ungleichheit: weder konnte ein Bürger den gesellschaftlichen Ort eines Adligen einnehmen, also etwa über Leibeigene verfügen, noch konnte eine bürgerliche Frau tun und lassen, was eine adlige Frau tat und ließ; selbst für die standesgemäße Kleidung gab es Vorschriften. Für Frauen wie Magdalena Sibylla war etwa die bürgerliche Tugend von »Fleiß, Sparsamkeit und Gehorsam« richtungweisend, eine adlige Frau dagegen hatte zu repräsentieren und bei den üppigen Festen des Rokokozeitalters stets prunkvoll gekleidet zu sein. Auch der Herzog von Württemberg, Karl Alexander, liebte die rauschenden Feste und wollte es, wie jeder europäische Fürst dieser Epoche, dem Sonnenkönig gleichtun – Geld war unwichtig, nur die äußere Pracht zählte. So soll er in seinem Schloß Ludwigsburg einmal mitten im Sommer eine Schlittenpartie auf Salz veranstaltet haben. Verständlich, daß die bürgerlichen Kreise des Landes, die seit dem 16. Jahrhundert zunehmend auf ihre Rechte pochten, dieses Luxusleben ablehnten.

Doch es wäre zu einseitig, Leben und Werk von Magdalena Sibylla Rieger nur unter dem Blickpunkt ihrer Rolle als eingeschränkte bürgerliche Frau im Herzogtum Württemberg des 18. Jahrhunderts zu sehen – immerhin förderte ihr Vater sie nach Kräften, und auch ihr Ehemann schätzte und unterstützte ihre Dichtung. Und wer sich schriftlich und öffentlich ausdrücken kann über die eigene, schlimme Lage, ist ja vielleicht schon auf dem Weg. Ihre Lieder zeugen zumindest von innerer Freiheit.

Was für geistliche Lieder dichtete sie? Da waren zum einen die 67 »andächtigen Sonntagsübungen« für jeden

Sonn- und Feiertag des Kirchenjahres nach den Evangeliumslesungen dieses Tages. In diesen Liedern (nach bekannten Choralmelodien) kommt ihre tiefe Verbundenheit mit Gott und Christus in ungekünstelter Sprache zum Ausdruck. So das bereits erwähnte Gesangbuchlied:

1. Meine Seele
voller Fehle (ursprünglich: in der Höhle)
Suchet in dem Dunkeln Licht;
Jesu! neige
Dich und zeige
Mir dein tröstlich Angesicht;
Auf mein Flehen
Laß dich sehen
und verbirg dich länger nicht.

2. Ach, von Herzen
Und mit Schmerzen
Such ich Dich, mein Trost und Heil!
Wie so lange
ist es bange!
Meiner Seele! komm in Eil;
Laß dich nieder,
komme wieder
Meines Herzens bestes Teil!

3. Lehre, leite,
vollbereite
Mich, wie du mich haben willst;
Gib mir Klarheit,
Geist und Wahrheit
Daß ich gleich sei deinem Bild;
Daß man merke,

Meine Stärke
Sei in dir
und du mein Schild.

Nach dem Evangelium des 22. Sonntags nach dem Drei-
einigkeitsfest, dem Gleichnis vom unbarmherzigen
Gläubiger, der selbst nicht vergeben konnte, dichtete sie
folgende Verse, die auf die Melodie des Liedes »Jesu,
meine Freude« zu singen sind:

1. Sollte recht ergehen
Herr, wer kann bestehen
wann du für Gericht
deine Magd willst ziehen
wohin soll sie fliehen?
Ach, Herr, strafe nicht!
Trag Geduld, vergiß der Schuld,
Lasse mich Vergebung finden
meiner schweren Sünden…

2. Laß mich das empfinden
und mich recht entzünden
Diese Liebes-Glut!
Schlagt ihr Gottesflammen
auch in mir zusammen,
daß ich für dies Gut
Eben so auch lichterloh
In der Gegenliebe brenne
und mein Heil recht kenne.

Für Magdalena Sibylla ist der biblische Text jeweils der
Auslöser für ihre ganz persönlichen Empfindungen
Gott gegenüber; nicht der Text selbst oder die Kirche

stehen im Mittelpunkt, sondern fast immer sie selbst. So ist es auch »deine Magd«, die spricht und die sich selbst, ihre Gefühle vor Gott und zu Gott hin entfaltet. Damit steht sie ganz im Geist ihrer Zeit, dem Zeitalter der Empfindsamkeit und des Pietismus.

In ihrer Dichtung ist sie formal an bestimmte Regeln gebunden. Dabei gibt es auch unfreiwillige Komik. So formuliert sie einmal in bezug auf das Sterben: »wenn die mürbe Hütte kracht«!

Durch das Schreiben von Gedichten konnte sie ihre Persönlichkeit, ihre Leiden und Klagen, aber auch ihre Gottesliebe und religiöse Sehnsucht ausdrücken und öffentlich machen. Gerade auch ihre sogenannten Gelegenheitsgedichte sind interessant, weil sie Einblicke in das persönliche Leben und den Alltag gewähren. So schrieb sie ein längeres Gedicht auf ihren 36. Geburtstag, besang Kaiserin Maria Theresia und andere Fürstinnen und schrieb ihrem Sohn ein langes Lehrgedicht, als er 1743 zur Universität Tübingen ging:

> Auf dann! mein Hertzens-Sohn,
> laß deiner Mutter Lehre
> Dir treff zu Hertzen gehn,
> die es so brünstig meint;
> Bleib Gott zum Eigenthum,
> wie du längst bist, verpflichtet,
> So hab ich nicht umsonst
> geschrieben und gedichtet.

Solche Lehrgedichte schrieb man gerne in der damaligen Zeit der Aufklärung, hoffend, daß Belehrung zur Einsicht und gewünschten Veränderung führe; Verstand und Vernunft galt viel – auch Magdalena Sibylla ist darin eine Tochter ihrer Zeit.

Bin ich oder bin ich nicht?
Dieses möcht ich recht ergründen,
um dadurch zu meinem Heyl,
einen festen Schluß zu finden.
Bin ich anfangs ohne Sünden
und zu Gottes Bild gemacht,
Bin ich dann, und zu was bin ich
hierher in die Welt gebracht?

Anerkennung für ihre Dichtung fand Magdalena Sibylla doppelt: Am 28. Mai 1743 wurde sie zur gekrönten Dichterin, zur poeta laureata, geweiht und am 1. Juni desselben Jahres in eine der damals gängigen Sprachgesellschaften, die Teutsche Gesellschaft zu Göttingen, aufgenommen – eine große Ehre. Nur wenige Frauen bekamen Zugang zu diesen Gesellschaften, noch dazu, wenn sie nicht adlig, sondern bürgerlich waren.
Wie nahm die Dichterin diese Ehre auf? Sie betonte immer wieder, alles nur zu Ehre Gottes zu dichten. In einem Antwortgedicht auf das viele Lob, das sie zur Dichterkrönung erhalten hatte, schrieb sie über den Lorbeerkranz:

Er dient mir doch zur ganz besondern Ehre,
Und wer mir ihn nicht gönnt,
muß doch zufrieden sein;
Ich trag ihn dann beherzt, frey, offen, unverhohlen,
man hat ihn mir geschenckt,
ich hab ihn nicht gestohlen.

Ihre Lobredner kamen aus ganz verschiedenen Kreisen, so lobte der herzogliche Hofpoet Fleischmann, »was ein Weib in Stuttgart kann«, oder eine Frau aus Esslingen schrieb ihr:

weil du zeigst vor mich
und jede die vom weiblichen Geschlecht
daß noch manche unsre Würde
mit gelehrtem vers verfecht.

Magdalena Sibyllas Gedichte zeigen sowohl eine tiefe
Demut vor Gott, eine gefühlsstarke Beziehung zu ihm,
aber gleichzeitig auch Selbstbewußtsein, Klugheit und
einen kritischen Blick für die soziale Wirklichkeit. So
hat Magdalena Sibylla Rieger aus ihrem Umgang mit
Gott im Gebet die Kraft geschöpft, ihr Leid – den Tod
von vier Kindern, die das Erwachsenenalter nicht er-
reichten – zu ertragen.

1. Auf, ihr betrübten Sinnen!
Kommt Kreuz und Leiden her,
will aller Trost zerrinnen,
und scheint es noch so schwer:
Sollt ihr doch nicht verzagen,
nein, mitten in dem Schmerz
den Blick des Glaubens wagen
in Christi treues Herz.

2. Ist ernstlich nur dein Flehen,
so läßt dich Gott zuletzt
doch aller Not entgehen,
darin er dich gesetzt.
Verbirgt er auch zuzeiten
sein gnädig Angesicht,
so laß zum Flehn dich leiten
und spar dein Beten nicht!

3. So prüfet er die Seinen,
wie Glut das Gold bewährt;

zuerst kommt Klag' und Weinen,
eh' man den Trost erfährt.
Lern dich darein nur schicken
und halte treulich aus!
Zuletzt muß es dir glücken,
Gott führt dich doch heraus.

4. Drum, Jesu, tret' ich gerne
in deine Ordnung ein;
scheinst du mir auch oft ferne
und ich allein zu sein:
so will ich heißer flehen,
bis ich in trübster Not
am Himmel kann ersehen
dein süßes Morgenrot.

5. Wird meine Treu' nicht wanken,
so bleibt der feste Grund;
du machst mich Schwachen, Kranken
an Leib und Geist gesund.
Herr, du bist meine Stärke!
Tu alles selbst in mir,
damit man an mir merke:
Mein Glaube sei von dir!

Zeit für »Trauerarbeit« blieb ihr wohl nicht, ihr Alltag
forderte sie ganz: Haushalt, Schwangerschaften, Wo-
chenbett und Kinderkrankheiten (»Blattern, Gichter,
rothe Ruhr, Fieber«). Dabei verlor sie aber nie den Blick
für die politische Wirklichkeit.
Nach dem Tod ihres Mannes 1758 gab es in ihrem Leben einen Bruch: Sie hörte anscheinend auf, Gedichte
zu schreiben. Doch führte sie eine ausgiebige Korre-
spondenz mit Theologen wie Friedrich Christoph

Oetinger und Dekan Burk. Darin geht es hauptsächlich um ein religiöses Ringen, ihre Gewissenskämpfe und ihren Glauben an Christus, den sie auch denkerisch durchdringen wollte. So schrieb ihr der berühmte Prälat Oetinger Briefe wie an einen Fachkollegen: er zitierte andere Theologen, gebrauchte sogar griechisch geschriebene Fachbegriffe und diskutierte die theologischen Bücher mit ihr, die sie ihm geschickt hatte. Dabei kamen auch persönliche Gefühle nicht zu kurz. So schrieb Oetinger am 7. 12. 1764 an Magdalena Sibylla: »Sie sagen, ich sei Ihnen noch eine Erwiederung schuldig, wie ich über meiner Tochter tod so übermäßig gejammert. Allein was soll ich nun erst davon schreiben? Es fühlt niemand, was ich gefühlt und weiß niemand, was ich für Lectionen vom Herrn habe müssen einnehmen... Meine Tochter dauert mich, so oft ich an das Schicksal denke, das sie drei Jahr ausgestanden.« Und, wohl im Hinblick auf Magdalena Sibyllas Sorgen um Sohn und künftige Schwiegertochter, meinte Oetinger: »Wenn die neue Braut sich merken läßt, seine zu viel und zu wenig Sachen zu tadeln, so hat sie eine böse Ehe; wenn sie sie aber garnicht sieht, so ist sie sehr klug ... Studenten werden erst klug durch Frauen.«

Wie sie ihre langen Witwenjahre verbrachte, können wir nicht mehr feststellen. Lebte sie bei einem ihrer beiden überlebenden Kinder, Immanuel oder Maria Dorothea? Immerhin hatte sie noch erleben können, daß beide heirateten und Kinder bekamen. Trieben sie die politischen Veränderungen um? Nahm sie noch teil am Schicksal ihres Landsmannes Friedrich Schiller, als er mit seinen »Räubern« 1782 die Gemüter bewegte? Oder lag dies ihrem frommen Wesen zu fern? Wir wissen es nicht. Ihr Leben endete am 31. Dezember 1786 – drei Jahre, bevor die Französische Revolution so vieles im alten Europa aufwühlte und Neues hervorbrachte.

Ihr Wahlspruch war »Mit stillem Wesen« (nach ihren Anfangsbuchstaben Magdalena Sibylla Weissensee). Darin lag auch die Tragik ihres Frauenlebens: das »stille Wesen« beschreibt die geforderte bürgerliche Frauenrolle, ein Ideal, gegen das sich bei ihr Körper und Geist sträubten. Gleichzeitig ist es gerade nicht »still und unscheinbar«, Gedichte zu schreiben und sie zu veröffentlichen!

Magdalena Sibylla Rieger wurde nicht so schnell vergessen – ihr Bild wurde nur dem jeweils neuen Zeitgeist angepaßt. Ihre Dichtung wird nicht mehr gekrönt und bestaunt, die Erzähler ihrer Lebensgeschichte müssen sich dafür entschuldigen bei der Leserschaft: »Wohl wissen wir, daß sich gegen schriftstellernde Frauen manches Aber erhebt; allein wir wissen auch ebenso gut, daß es nicht immer wohl gethan ist, wenn man gegen die ›Blaustrümpfe‹ mit einer hartherzigen Kritik auftritt.« Neben ihrer Dichtkunst muß jetzt ihre »rührende Bescheidenheit« gerühmt werden, und obwohl Magdalena Sibylla in ihrem langen Briefwechsel mit den Theologen ihr Ringen nach Wahrheit und ihr oft verzweifeltes Sehnen nach der Gnade mit genauer Selbstbeobachtung schildert, ist sie am Ende für einen ihrer Biographen eine »kindlich-einfältige Seele«. Gegen Ende des 19. Jahrhunderts heißt es dann von ihr, daß sie zwar sehr sorgfältig erzogen und wie ein Sohn unterrichtet wurde, »ohne daß sie aber je die widerwärtigen Eigenschaften einer gelehrten Frau angenommen hätte«! Sie wurde eher in die Rolle eines Naturwesens gedrängt, in die Nähe des Kindes und damit des Minderen. Ihr wurde etwas Rührendes, Einfältiges zugeschrieben, was keineswegs mit dem

Leben und Wirken der Magdalena Sibylla Rieger über-
einstimmt, wie es den Quellen zu entnehmen ist.
Eine besondere Brisanz bekommt ihr Leben allerdings
noch einmal im 20. Jahrhundert: durch ihre Rolle in
Lion Feuchtwangers Drama »Jud Süß« von 1918.
Magdalena Sibylla heißt hier Magdalen Sibylle und gehört zu einem Kreis von Erweckten in Hirsau. Joseph
Süß Oppenheimer sah sie: »Sie war schön, sehr anders
als die Mädchen im Lande, auf dem bräunlich kühlen
Gesicht standen sonderbare, nicht alltäglich schwäbi-
sche Gedanken.« Er richtet es so ein, daß sie von seinem
Herrn, Herzog Karl Alexander von Württemberg, ver-
gewaltigt und als seine Mätresse ehrenvoll und kost-
spielig gehalten wird. Im Hintergrund steht allerdings
die Liebe zwischen Magdalen und Süß, wobei deren
Gottesliebe von Süß heruntergespielt wird: »Wer
gewachsen ist wie Sie, wer Ihre Augen hat, Demoiselle,
und Ihr Haar, der hat Gott nicht nötig.« Als Süß seinem
schrecklichen Ende am Galgen entgegengeht, bekommt
Magdalen Sibylle, die inzwischen Expeditionsrat Rieger
geheiratet hat, ihr erstes Kind. Ihre Dichtungen kommen bei Feuchtwanger nicht gut weg: »Was sie dann las,
waren unbeschwingte, triste, banale, kahl und schal
moralisierende Reimereien.«
Soweit unsere Dichterin bei Lion Feuchtwanger. Es ist
dichterische Freiheit, historische Personen zu verän-
dern – jeder Schriftsteller ist darin ein Kind seiner Zeit
und unbewußt dem Frauenbild seiner Epoche verbunden.

Henriette Louise von Hayn

Wer kennt nicht das geistliche Kinderlied »Weil ich Jesu Schäflein bin?« Seit gut zweihundert Jahren wird es von Eltern und Kindern gesungen – von Pfarrern als kitschig verdammt, aus manchen Gesangbüchern ganz verbannt, aber trotzdem noch beliebt. Offensichtlich haben manche der Liederdichterinnen mit ihren Liedern etwas in der menschlichen Seele getroffen, was dem Bedürfnis nach Geborgenheit und Gottesnähe entspricht und in den schweren Zeiten eines jeden Menschenlebens sehr wichtig und hilfreich sein kann.

Wer war diese Frau, die diesen Ton der Seele so gut getroffen hat?

Henriette Louise von Hayn wurde am 22. Mai 1724 in Idstein geboren; ihr Vater war Georg Heinrich von Hayn, Fürstlich Nassauischer Oberjägermeister, ihre Mutter Ernestine von Lassberg, deren Familie einst wegen ihres evangelischen Glaubens aus Österreich vertrieben worden und nach Öttingen in Schwaben emigriert war.

Über Henriette Louises Mädchenjahre wissen wir nichts Genaues; es ist anzunehmen, daß sie eine standesgemäße Erziehung als adliges Fräulein erhielt. Vermutlich hatte sie auch Latein und Griechisch gelernt – sie soll das Neue Testament in der Originalsprache Griechisch gelesen haben; das war zwar nicht ganz üblich für junge Mädchen des Rokokozeitalters, aber auch nicht ganz ungewöhnlich.

Henriette Louise berichtet über ihre Kinderzeit: »Ich

hatte als kleines Kind oft so zärtliche Empfindungen von der Liebe Jesu, daß ich bisweilen in ein Winkelchen ging und weinte, und niemand wußte, warum … Bei Gelegenheit der ersten Gebetchen, die ich lernte, bekam ich so lebendige Eindrücke vom Leiden des Heilandes, daß sie mir durch alle Zeiten geblieben sind. Einmal kam mir ein Herrnhutisches Lehrbüchlein für die Kinder in die Hände. Das war recht nach meinem Geschmack; ich küßte das Büchlein oft, und trug es Tag und Nacht bei mir, aus Furcht, es möchte mir weggenommen werden. Als ich größer wurde, ging mein Dichten und Trachten immer dahin, mich ein wenig wegzustehlen, um an Jesum zu denken und zu Ihm zu beten. Konnte ich am Tage nicht dazu gelangen, so stand ich in der Nacht auf, wenn alles schlief, und verbrachte manche Stunde auf den Knien; denn mein Herz brannte recht in der Liebe Jesu. Wenn wir spazieren gingen, trug ichs manchmal darauf an, ein wenig zurück zu bleiben, warf mich geschwind auf den Boden, als wollte ich Blumen suchen und küßte die Erde, weil ich mir ganz kindisch vorstellte, das sei das Plätzchen, wo mein liebster Jesus blutigen Schweiß geschwitzt habe.«

Schon in der Kindheit zeigten sich die Eigenheiten ihres Charakters: eine starke persönliche Religiosität und ihr ausgeprägter Wille, zu tun, was sie für richtig hielt.

Als junges Mädchen der »oberen Stände« blieb ihr nicht viel Raum, eigene religiöse Vorstellungen zu entwickeln oder zu praktizieren. Ihr Leben verlief in fest vorgezeichneten Bahnen. Also hieß es für die junge Henriette Louise nach der Konfirmation, »in die Gesellschaft eingeführt zu werden«. Das bedeutete, sich für die verschiedenen Bälle, Feste, Soupers und Diners hübsch zu machen, sich mit Sorgfalt und Geschick »à la mode« zu

kleiden: mit Krinolinen und Perücken, Schönheitspflä-
sterchen und Corsagen. Henriette Louise interessierten
diese gesellschaftlichen Ereignisse und Feste jedoch
nicht. Mit der ihr eigenen Sicherheit entdeckte sie *den*
Ort im damaligen Deutschland, der ihren Bedürfnissen
nach religiöser Hingabe und Eigenständigkeit entspre-
chen konnte: die Gemeinschaft des Grafen Zinzendorf,
die sich von Herrnhut in der Oberlausitz aus als eigene
und neuartige Form einer evangelischen Wohn- und Ge-
meinschaftssiedlung entwickelt hatte. Waren auch die
Klöster seit der Reformation abgeschafft, so blieb doch
stets eine Sehnsucht, neben der gängigen Großfamilie,
neben Grundherrschaft und Leibeigenschaft, neben den
Handwerksfamilien der Zünfte noch eine religiöse Lebensform zu entwickeln, zu der die gehören konnten,
die »mit Ernst Christ sein wollten«, wie es schon Martin
Luther als Vision ausgemalt hatte.
Durch verschiedene glückliche Umstände war nun 1727
in Herrnhut unter dem Grafen Nikolaus Ludwig von
Zinzendorf eine solche Siedlung entstanden; sie war
eine Mischung aus den Leibeigenen und Untertanen des
Grafen sowie aus mährischen Glaubensflüchtlingen, die
zur alten Brüderunität gehörten, und hatte unter dem
Eindruck eines bewegenden Abendmahlsgottesdienstes
aus allerhand Streitigkeiten zu gegenseitiger Achtung
und Liebe gefunden, so daß sich dort in den folgenden
Jahren und Jahrzehnten eine ganz neue Art des Zusam-
menlebens von Christen entwickelte. Zwar lebten
Frauen und Männer getrennt in verschiedenen Gemein-
schaftshäusern, aber sie hatten stets die Möglichkeit,
auch zu heiraten und dann in eigenen Häusern zu
wohnen. Untereinander waren die »Brüder« und
»Schwestern«, wie sie sich nannten, in vielfacher Weise

verbunden: in Gottesdiensten, Singstunden, Gebetswa-
chen, seelsorgerlichen Kleingruppen (den »Banden«),
speziellen Festen der einzelnen Gruppierungen. Um als
echte Christenmenschen zu leben, hatten der Graf und
die Gräfin sowie die Adligen der »Brüdergemeine« auf
alle Attribute ihres Standes und ihrer Herrschaft ver-
zichtet. Zinzendorf hob die Leibeigenschaft für seine
Untergebenen auf, es wurde bei allen auf einfache,
schlichte Kleidung geachtet, und im liturgischen Ritus
der Fußwaschung wurde auch Gräfin Zinzendorf zuge-
mutet, einer armen mährischen Magd die Füße zu
waschen, was der Gräfin nicht leichtgefallen sein soll.
Zudem entwickelte die Brüdergemeine eine enorme
Anzahl von Ämtern – jede und jeder in Herrnhut hatte
eine Aufgabe und Verantwortung, interessanterweise
die männlichen Ämter jeweils mit einer weiblichen Ent-
sprechung: So gab es den »Ältesten« und die »Ältestin«.
Henriette Louise berichtet: »Um diese Zeit kamen mir
die Berliner Reden des Grafen Zinzendorf in die Hände
und gereichten mir zu großem Trost und Segen. Auch
hörte ich viel reden von einem gewissen neuen Ort in
der Wetterau, Herrnhaag genannt, welchen die Herrnhuter zu bauen anfingen, und fühlte eine unbeschreibliche
Freude darüber. Wiewohl es die verächtlichsten Be-
schreibungen waren, die man mir von der Brüder-Ge-
meine machte: so glaubte ich doch immer das Gegenteil
davon und fühlte gar zu gut, daß dies mein Volk sei, mit
dem ich leben und sterben wollte...«
Was sie sich vorgenommen hatte, setzte sie in die Tat
um: Gegen den Willen ihrer Eltern und gegen verschiedene Pfarrherren, Superintendenten und adlige Herr-
schaften erreichte sie es schließlich, daß sie 1746 in die
Brüdergemeine in Herrnhaag aufgenommen wurde und

im Mädchenhaus die Erziehung der Kinder übernahm. Der Briefwechsel dieser Zeit zwischen ihrem Vater, den Herren der geistlichen und weltlichen Behörden sowie dem Grafen Zinzendorf zeigt die Verwirrung, die eine entlaufene und sehr eigensinnige Tochter verursacht hatte. Dieser Briefwechsel wirft außerdem ein Licht darauf, welche Stellung die Herrnhuter Brüdergemeine innerhalb der Kirche damals hatte, denn als Henriette Louise nach Herrnhaag geflohen war, wieder eingefangen wurde und schließlich doch dort bleiben konnte, unterließen es die evangelischen Pfarrer der Umgebung nicht, anläßlich dieses schlimmen Ereignisses von der Kanzel vor den Herrnhutern zu warnen. Graf Zinzendorf allerdings schrieb an Henriette Louises Vater: »Lassen Sie Ihre Tochter, die onedem ein bißchen melancholisch zu sein scheint, in ihrer Ruhe und Seligkeit... Ich finde, daß sie eine determinierte (= bestimmte) Person und in ihren Dingen solide ist.«

Was hat Henriette Louise an der Lebens- und Frömmigkeitsform der Brüdergemeine in Herrnhaag so angezogen?

Im Unterschied zu dem ernsten und nüchternen Leben im alten Herrnhut, das hauptsächlich von mährischen Handwerkern besiedelt war, schlug in der Siedlung Herrnhaag der Brüdergemeine das Flair des Rokokozeitalters durch: Hier lebten zum großen Teil Menschen aristokratischer Herkunft, die eine Atmosphäre der Heiterkeit mit sich brachten, des Künstlerischen und Festlichen. Zwar waren die Grundstrukturen der Brüdergemeine auch hier vorhanden: das festgefügte Gemeinschaftsleben, das gemeinsame Wohnen getrennt nach Ständen (sogenannten »Chören«), die Vielzahl der Ämter – aber es dominierte doch die festliche Stimmung als Ausdruck des Glaubens an den Erlöser Jesus Christus. »Festlich« drückt dabei einen sehr disziplinierten Charakter aus, der aber großen Wert auf künstlerischen Ausdruck legte.

Über das Jahr 1747 in Herrnhaag läßt sich sagen: »Man hört jetzt wieder von Kleiderluxus, von großen Krinolinen und Perücken, wobei sich Bürgerliche eher dem Adel anpaßten als umgekehrt; und auch bei Zinzendorf und seiner Familie wird der Lebensstil etwas aristokratischer... Täglich kam die Gemeine in ihrer Gesamtheit oder in Chören zusammen zu Gesang und Aussprache...« Die Gemeine lebte in den immer neu entstehenden Liedern; dazu kam die Wirkung der Musik. Den Gemeindegesang, immer auswendig, stimmte der Liturg (Leiter) an, die Gemeine fiel ein; zuweilen gab es auch Wechselgesang zwischen Brüdern und Schwestern, Erwachsenen und Kindern, dazwischen Sologesang. Als Begleitung oder auch mit selbständiger Instrumentalmusik konnte man mit Streichern, Holzbläsern, Blechbläsern aufwarten, die mit fürstlichen Hofkapellen durchaus konkurrieren konnten. Bei jeder festlichen Gelegenheit erfolgte in einem Liebesmahl (ein Zusammensein bei Tee und Gebäck) das Absingen einer eigens dafür gedichteten und komponierten Kantate mit Chor, Rezitativen, Arien, Chorälen, nicht im Stil von Bach, also ohne alles Virtuose, Konzertartige, sondern nachbachisch, wobei der Text im Vordergrund stand, der mit harmonischer Musik untermalt wurde.

Unser Geist soll dich erheben,
du unser höchstes Gut und Leben,
solange sich ein Pulsschlag rührt!
O wie stark sind deine Triebe,

du uns mit Blut verwandte Liebe,
die unser Herz so mächtig spürt!
Wach auf, du Freudengeist,
der sein Versöhnen preist!
Hallelujah im höhern Ton
dem Menschensohn!
Hallelujah dem Menschensohn!

Den stilvoll festlichen Charakter unterstrich die Kleidung. Die Chöre und Gruppen der Gemeine hoben sich im Saal mit ihren festen Sitzplätzen voneinander ab, bei besonderen Gelegenheiten auch durch eigene Kleidung. Der Aufwand an Textilien muß erheblich gewesen sein. Von weiteren Künsten hatte die Malerei eine eigene Bedeutung. Von allen Brüdern und Schwestern, die eine herausgehobene Stellung hatten, wurden Portraits angefertigt, die heute noch bewundert werden können. Im Schwesternhaus wurde Seidenstickerei und andere kunstvolle Handarbeit gepflegt. Nicht unerwähnt bleiben darf die Kunsttischlerei, die zur Verfeinerung des Wohnstils beitrug. Die Möbel des Abraham Roentgen sind heute fast unbezahlbar! Dieses ganze von Kunst und Kultur durchdrungene Milieu bildete die Umwelt für das Leben der Gemeine, die in ihrer Gliederung selbst ein durchgeformtes Kunstwerk darstellte. Und dieses fand seine Selbstdarstellung besonders in den Festen.« Auch Henriette Louise von Hayn war von dieser Kreativität angeregt und produzierte eine große Anzahl von Liedern, Gedichten, Kantaten-Texten, Gelegenheitsgedichten und Gedichten auf Verstorbene. Von ihren Liedern sind einige heute noch im Gesangbuch der Brüdergemeine in Gebrauch. Im Evangelischen Gesangbuch existiert nur noch ihr

Lied »Weil ich Jesu Schäflein bin« in einigen Regional-teilen.

Zinzendorf selbst war Meister im Dichten neuer Lieder, oft improvisierte er während der Singstunden. Aber er regte ebenso andere zum Dichten geistlicher Lieder an, ja, er veranstaltete sogar Dichter-Wettbewerbe. 1747 sagte er etwa zu den ledigen Schwestern: »Meine Schwe-stern, es ist sehr jungfernhaltig, wenn man Lieder macht. Das Jungfernchor sollte uns die wichtigsten, mei-sten und schönsten Lieder in unsere Anhänge liefern. Der tägliche Umgang mit Jesus, dem Schmerzensmann, die Ideen, meine Schwestern, ihn aus aller unsrer Macht zu umfangen Tag und Nacht, die sollten euch recht schöne und wichtige Gedanken machen, Erinnerungen, heilige Lieder dichten zu lernen.«

Das Leben in der Wetterau war von enormer Anzie-hungskraft für ein religiös begabtes Mädchen wie Hen-riette Louise. Vielleicht hat sie auch instinktiv gespürt, daß in diesen neuen Lebens- und Glaubensformen mehr Chancen für das Ausleben ihrer Begabungen lagen, als es die Gesellschaft für adlige Töchter vorgesehen hatte.

Henriette Louise berichtet über ihre neuen Aufgaben, Ämter und Funktionen: »1750 verlor das Mädchenhaus die Justine von Schweinitz, die dieser Anstalt einige Jahre vorgestanden hatte, und ich kam an ihre Stelle, nachdem ich schon 1748 zur Acoluthie angenommen und zu einer Diaconisse der Brüder-Kirche eingesegnet worden war.« Diese Ämter waren eine Art Vorstufe zum geistlichen Dienst: Acoluthie heißt auf griechisch »Nachfolge«, »Diaconisse« ist die weibliche Form des »Diakons«, was Diener bzw. Dienerin im neutestament-lichen Sinn bedeutet.

Daß Henriette Louise ihre Zeit in Herrnhaag als eine

wunderbare Gnadenzeit empfand, soll uns nicht darüber hinwegtäuschen, daß sie zu kämpfen hatte »mit tausend Sorgen und Kummer, den das mir anvertraute Amt bei der Menge Kinder mit sich brachte... So viel weiß ich nur noch, was das für ein Leiden war, da so viele Kinder elend wurden um des großen Zuges willen, den wir im Hause hatten.«

Durch verschiedene Ursachen wurde die »festliche Siedlung« Herrnhaag jäh aufgelöst – die stilvolle Begeisterung war »umgekippt in unhaltbare Zustände«, dazu kam noch ein politischer Wechsel in der Herrschaft Büdingen, zu der Herrnhaag gehörte. Der neue Regent hatte wenig Verständnis für fromme Exzentrik, und auch Zinzendorf selbst erkannte mit Schrecken, welche Gefahren in zu starker Betonung der Gefühlsseligkeit liegen konnten. Die Bewohner Herrnhaags, darunter Henriette Louise, siedelten 1750 nach Großhennersdorf und 1751 nach Herrnhut über, wo Henriette Louise die Leitung des Mädchenhauses übernahm und 1766 Pflegerin der ledigen Schwestern wurde. Dieses Leitungsamt bekleidete sie bis zu ihrem Tod 1782; durch ihre persönliche Eigenart, Begabung und Frömmigkeit stand sie in hohem Ansehen.

Ihre innere Entwicklung, die sie in ihrem Lebenslauf schildert, verlief keineswegs nur harmonisch oder geradlinig – sie kannte durchaus auch Zeiten tiefer Verzweiflung und Gottverlassenheit, um dann um so bewegender die Beglückung durch Jesu Nähe und das innerliche Wirken des Heiligen Geistes zu erfahren. Aber immer fand sie in der Lebensgemeinschaft Halt und Geborgenheit.

Das gemeinsame Leben war genau geregelt, ohne daß es zwanghaft war. So weisen die »Haus-Ordnungen für

das Chor der ledigen Schwestern in Herrnhut« von
1779 eine Vielzahl von Regelungen für das Zusammenle-
ben auf, samt Gesundheitsratschlägen, dem Hinweis auf
gleiche »simple« Kleidung und der Vorschrift: »Bis um
10 Uhr Vormittags sollen alle Betten gemacht seyn.«
Jede Gruppe der Brüdergemeine, jedes »Chor«, hatte
ein eigenes Jahresfest – neben den Kirchenjahrfesten, besonderen Geburtstagen der Zinzendorffamilie und anderen festlichen Anlässen. Die ledigen Schwestern feierten
sozusagen sich selbst an jedem 4. Mai, in Erinnerung an
den 4. Mai 1730, als achtzehn von ihnen sich zu einem
besonderen Bund zusammenschlossen, um »dem Bräutigam ihrer Seelen sich ohne Vorbehalt zu ergeben, der
Leitung des Heiligen Geistes sich ganz zu überlassen«.
Zu diesem Anlaß gibt es von der Hand Henriette Louises einen Kantatentext.
Solche Kantaten waren eine übliche Form der Dichtung
in der Brüdergemeine – obwohl vieles aus der kirchlichen Tradition übernommen wurde, schufen die Brüder
und Schwestern dieser Gemeinschaft doch vieles neu.
Viele von Henriette Louises Gedichten wurden bereits
zu ihren Lebzeiten gedruckt, viele handgeschriebene
Verse aber ruhen bis heute im Archiv in Herrnhut. So
findet sich dort ein handschriftliches Büchlein unter
dem Titel: »Grab-Schriften, welche die Louisel allen denen gemacht, die bey ihrer Zeit im Mädgen-Haus von
Anno 1751 an, bis Anno 1766 heimgefahren sind zur
obern Gemeine«. Dort heißt es etwa: »Johanna Salome
Kampmannin, geboren in Herrnhut 18. April 1755,
ging heim 27. Februar Anno 1757.

Lustspiel der Englein!
ein Kind in der Wiege

ruft nach dem Freunde
als ob es Ihn seh'
will nicht mehr länger
im Bettgen da liegen,
sagt seiner Wärtrin
gar freundlich adieu
lacht im Erbleichen
sind das nicht Zeichen
wie sich Sein Herz
und ein Kindlein versteh?«

Auf das neue Jahr 1772 dichtete sie in einem Lied für ihr
Chor der ledigen Schwestern:

Doch ihr seid von Gott gelehrt,
o ihr Gnadentöchter,
aber hört doch unbeschwert
einen Ruf der Wächter –
Einen leisen Ruf, der heißt:
Braut des Lamms, bereite
dich nach Leib und Seel und Geist
zu der Hochzeitsfreude.
Eil und laß in Seinem Schoß
dich von allen Sachen,
und auch von dir selbst
ganz los und frei und ledig machen.
Hüte dich vor Trockenheit,
halt dich nah zur Quelle,
Seine Blutgerechtigkeit
macht die Kleider helle.

Die Grund-Bilder der Bibel, hier das Bild von Jesus,
dem Lamm Gottes, und den Gläubigen, die ihre Kleider

in seinem Blut rein waschen, sind den Menschen der
Brüdergemeine selbstverständlich vertraut; auch Henriette Louise hat sich die biblischen Gedanken und
Bilder von klein auf zu eigen gemacht und in der Brüdergemeine gewiß noch vertieft. Dazu dienten wohl auch
die täglichen Losungen – ausgesuchte, tatsächlich ausge-
loste Bibelworte für jeden Tag, die allen Bewohnern
Herrnhuts und der anderen Siedlungen bekannt waren.
Aber die Frömmigkeit war nicht quälerisch und depres-
siv, sondern im Gegenteil hell und hoffnungsvoll, gab
jedem, ob Mann oder Frau, das Gefühl, zwar vor dem
Angesicht Gottes ein sündiger und versagender Mensch
zu sein, aber durch den Kreuzestod Jesu, hier die »Blutgerechtigkeit«, jederzeit wieder angenommen und
wertvoll zu sein, ja, mit vielen Gaben und Fähigkeiten
ausgestattet, die im Alltag der Brüdergemeine ganz prak-
tisch zur Geltung kommen sollten. Die Menschen in
Herrnhut waren ganz auf den Gekreuzigten konzen-
triert und damit dem Anliegen der Reformation oft viel
näher als die, die hauptsächlich auf sich selbst schauten
und über die Fortschritte der eigenen Heiligkeit nach-
sannen.
Doch manche ihrer Formulierungen sind uns heute eher
fremd in ihrer Gefühlsintensität oder ihrer Ausdrucksstärke wie etwa folgender Vers eines Passionsliedes, der
den gekreuzigten Jesus besingt:

Funkle mir, bis ich mich tot geblicket,
Haupt, als wie ins Blut getaucht,
Stirne, dran ich hange mein Entzücken,
Stirne, die von Angstschweiß raucht,
Meinem Sündenscheitel eine Krone,
meinen Augen eine blutge Sonne,

Meinem Angesicht ein Glanz,
meinem Haupt ein Dornenkranz.

Vergessen wir nicht, daß Henriette Louise inmitten einer Welt lebte, die nicht abgeschlossen war vom übrigen Europa, sondern durch die vielen Aristokraten innerhalb der Brüdergemeine und deren familiäre Verbindungen regen Kontakt mit der Außenwelt hatte. Manches der idyllischen Bilder, etwa der Schäfergedanke, ist deshalb auch auf dem Hintergrund des europäischen Rokoko zu verstehen, der künstlichen Schäferwelt und der Natursehnsucht der Adligen jener Epoche. Daher ist auch Henriette Louises Gesangbuchlied keineswegs nur »niedlich« oder »kindlich«, sondern geprägt von der biblischen Sprache (Psalm 23!) wie auch der Gedankenwelt ihrer Zeit.

1. Weil ich Jesu Schäflein bin
freu ich mich nur immerhin
über meinen guten Hirten,
der mich wohl weiß zu bewirten,
der mich liebet, der mich kennt,
und bei meinem Namen nennt.

2. Unter seinem sanften Stab
geh ich aus und ein und hab
unaussprechlich süße Weide,
daß ich keinen Hunger leide;
und sooft ich durstig bin,
führt er mich zum Brunnquell hin.

3. Sollt ich nun nicht fröhlich sein,
ich beglücktes Schäfelein?
Denn nach diesen schönen Tagen

werd ich endlich heimgetragen
in des Hirten Arm und Schoß.
Amen, ja, mein Glück ist groß.

Ursprünglich war dieses Lied gar nicht als Kinderlied
gedacht, sondern als Abendmahlslied. Die Dichterin
versteht es als Ausdruck der Beglückung, die wir, sinnen-
haft und geistlich zugleich, im Heiligen Abendmahl
erfahren können. Daß allerdings mit Kindern dieses
Lied gern gesungen wurde und wird, zeigt vielleicht
auch, wie gut Henriette Louise die Bedürfnisse erfaßt
hatte, in einer bedrohlichen Welt einen Ort der Geborgenheit für Leben und Seele zu finden, so wie sie selbst
es in der Brüdergemeine als einem Ort der Gegenwart
Christi gefunden hatte.

Julie von Hausmann

Allen Pfarrern zum Trotz halten die Gemeinden am Lied »So nimm denn meine Hände« eisern fest – allen Versuchen, es als kitschig und gar theologisch bedenklich zu verwerfen, stehen die unzähligen Frauen und Männer in vielen Generationen und verschiedenen Ländern gegenüber, die sich dieses Lied zur Beerdigung wünschen.

Die Dichterin Julie von Hausmann hat mit ihrem Lied viele Menschen angesprochen, und der Komponist Friedrich Silcher hat durch seine Melodie die emotionale Wirkung noch verstärkt.

Wer war diese Dichterin?

Sie gibt uns Rätsel auf: Ihr Bild zeigt eine harte, verschlossene Frau, in sich gekehrt, während ihre Gedichte eine tiefe, ruhige Innerlichkeit ausstrahlen. Die Orte ihres Lebens ähneln keineswegs der ländlichen Idylle ihrer Heimat Kurland. Julie von Hausmann zeichnet eher eine gewisse Ruhelosigkeit aus; sie lebt in Biarritz und lange in St. Petersburg, nachdem sie ganz Deutschland, die Alpen und die Pyrenäen bereist hat. Sie zählt sich zu den »Stillen im Lande«, veröffentlicht aber 4 Bändchen geistliche Lyrik sowie ein 700 Seiten starkes Andachtsbuch für Hausangestellte mit dem Titel »Hausbrot«.

Sie war ein Kind des 19. Jahrhunderts. Damals brach zwar allmählich die sogenannte »Frauenfrage« auf, die den Frauen schließlich das Wahlrecht und größere Bildungschancen bringen sollte, aber gleichzeitig wurden ihre Lebensmöglichkeiten immer stärker eingeschränkt –

die Spaltung in »anständige« und »gefallene« Mädchen und Frauen bestimmte immer mehr das Frauenbild in den Köpfen der Menschen, besonders in der bürgerlichen bzw. großbürgerlichen Welt, in der Julie von Hausmann lebte. War der Ausdruck ihrer Frömmigkeit vielleicht auch eine der wenigen verbliebenen Möglichkeiten, sich als unverheiratetes weibliches Wesen zu Wort zu melden – innerlich und äußerlich?

Sie wurde am 7. 3. 1826 in Riga geboren. Ihr Vater war der Gymnasialoberlehrer Johannes Michael von Hausmann, ihre Mutter Julie von Magnus. Julie von Hausmann war die fünfte von sechs Töchtern. Wie ihre Kindheit und Jugend in Mitau (Kurland) verlief, läßt sich nicht mehr rekonstruieren.

Doch die Zeit als Konfirmandin muß für sie sehr bewegend gewesen sein. Ihr Pfarrer war Theodor Neander, von dem sie den Anstoß erhielt, ihr Leben als eine bewußte Jüngerin Jesu zu gestalten.

Wann sie begann, geistliche Lieder zu dichten, wissen wir nicht. Vielleicht drückt das folgende Gedicht ihre Lebens- und Glaubenseinstellung aus, die für sie mit ihrer Konfirmation begann:

> Das soll meine Freude sein,
> Dein zu bleiben, Dein allein,
> Dich zu preisen, zu erheben,
> völlig Dir mich zu ergeben,
> fest zu trauen allezeit
> Deiner Gnad', in Lust und Leid.
>
> Führst Du dunkle Wege mich,
> wie Du willst, so will auch ich;
> Soll durch Schmerzen ich auf Erden

für den Himmel reifer werden –
Soll das Zeitliche vergehn,
daß das Ew'ge kann bestehn –

Willst Du, daß, zu meinem Heil,
einsam wandern sei mein Theil –
soll ich auch das Liebste meiden –
Herr, befiehl, ich trag's mit Freuden,
wenn nur, bis mein Auge bricht,
Du mir bleibst mein Trost, mein Licht!

Diese Verse drücken ihre unbedingte Hingabe an Gott
aus und ihre Schwierigkeit, auf andere Menschen zuzu-
gehen. Allerdings hatte die scheue Julie ihre Schwestern,
zu denen sie zeitlebens ein inniges Verhältnis hatte. Besonders Johanna, die Jüngste, die hochmusikalisch war
und eine Ausbildung als Organistin erhalten hatte,
wurde von Julie verehrt und geliebt. Auch die anderen
Schwestern waren wichtig für ihr Leben: da Julie sehr
kränklich war, konnte sie ihren Lebensunterhalt nicht
selbst verdienen, aber sich doch in der Familie einer ver-
heirateten Schwester nützlich machen. Vermutlich für
deren Hochzeit hat Julie das Gedicht »Bitte für ein
Brautpaar« geschrieben.

Segne ihr Lieben
und segne ihr Freu'n;
laß ihr Betrüben
gesegnet auch sein!

Laß wie die Blüthe
zur Sonne gekehrt,
sein ihr Gemüthe
von Liebe verklärt!

Weih ihre Hütte
zum Tempel Dir ein,
sei, Herr, der Dritte
in ihrem Verein!

Und als die Schwester Mutter wurde, konnte sich Julie von Herzen mitfreuen über das kleine Mädchen, ihre Nichte. Zu seiner Taufe dichtete sie:

Du süßes Kind auf meinem Arm,
du lieber kleiner Schatz!
Ich drück ans Herz dich fest und warm,
o wär hier stets dein Platz!

Und sie selbst? Immerhin lebte Julie in einer Zeit, da für Frauen Heirat und Kinderaufziehen als das Normale galt – immer mit bestimmten Unterschieden, je nach sozialer Klasse.

Warum sie selbst nicht heiratete, ist unklar. Es heißt, Julie sei mit einem Missionar verlobt gewesen. »Ihr zukünftiger Lebensgefährte fuhr voraus, um sich mit den Verhältnissen vor Ort vertraut zu machen und alles vorzubereiten. Auf der Missionsstation wollten beide den Lebensbund schließen und gemeinsam wirken. Dann war es soweit. Das Schiff sollte sie ans ersehnte Ziel bringen. Ihre Gedanken eilten voraus, ihr Herz war frohgestimmt. Endlich war der Zielhafen erreicht. Aber nicht der Verlobte wartete an der Anlegestelle, sondern der Leiter der Missionsstation. Beklemmung legte sich um ihr Herz, stummer Schmerz, als ihr behutsam gesagt wurde, daß der, mit dem sie hier den Lebensbund schließen wollte, von einer heimtückischen Krankheit dahingerafft worden war. Einige Zeit später stand sie dann

lange an seinem Grab auf dem kleinen Friedhof, hielt
stumm Zwiesprache mit dem geliebten Mann, dem sie
sich für ein gemeinsames Leben hatte anvertrauen wollen.« Vielleicht hat sie auf dieser Reise, die nur eine unter vielen war, das Gedicht »Auf der Reise« geschrieben:

> So hab' auf's Neu' die Heimath ich verlassen;
> bald trennen hundert Meilen mich von ihr.
> Gieb mir die Hand, ich will sie fester fassen,
> mein Gott, und bleib allüberall bei mir.
> Und was auch kommen mag in Lust und Leiden,
> laß mich nur nichts von Deiner Liebe scheiden!
>
> Und muß ich von den Großen Schmach erfahren
> und fremd und einsam unter ihnen stehn,
> so laß mich Deinen Frieden nur bewahren
> und Deine Lieb auch in dem Schmerz verstehn:
> So preis' ich, auch erniedriget, mein Loos,
> denn »wen Du demüthigst, den machst Du groß«.
>
> Es wird ja in der kalten, fremden Ferne
> die Sonne auch wohl ihre Funken sprüh'n,
> es werden auch die Wolken und die Sterne
> nach Deinem Willen ihre Straße ziehn –
> Ich will nicht weinen, – Herr, ich traue Dir,
> Ich geh' wie Du mich führst; – nur bleib bei mir!

Allein auf einem Schiff, einer ungewissen Zukunft in
einem fremden Land entgegen, da brauchte ein junges
Mädchen gewiß viel Ermunterung und Gottvertrauen;
auch die späteren Reisen Julies waren nicht mit heutigen
Ferienreisen vergleichbar.
Um die Mitte des 19. Jahrhunderts reiste Julie aus dem
Baltikum im hohen Norden nach Südfrankreich; ihre be-

gabte Schwester Johanna hatte im Seebad Biarritz eine Stelle als Organistin in der dortigen anglikanischen Gemeinde angenommen, und Julie wollte ihr den Haushalt führen. Warum auch die Schwester Johanna nicht heiratete und als berufstätige Frau im kirchlichen Dienst lebte, wissen wir nicht, es fällt zumindest auf. Offenbar hatten die Eltern Hausmann ihre Töchter nicht »zwangsverheiratet«, wie es gewiß in vielen anderen Familien damals der Fall war. Auch die älteste Schwester von Julie war berufstätig: Sie wurde Direktorin der St. Annenschule in St. Petersburg.

Vier Jahre lebte Julie in Südfrankreich – Biarritz war durch Kaiserin Eugenie zu einem mondänen Seebad aufgestiegen. Auch während dieser Zeit unternahm sie verschiedene Reisen, immer auf der Suche nach Heilung. So kam sie in verschiedene Kurorte Deutschlands, in die Tiroler und Schweizer Alpen. Doch eine Heilung erfuhr sie nicht. Waren die Kopfschmerzen, ähnlich wie bei Magdalena Sibylla Rieger, ein Widerstand des Körpers gegen auferlegte Zwänge? Wie Magdalena Sibylla Rieger fand auch Julie von Hausmann einen Förderer, der ihre Gedichte drucken ließ, den Berliner Pfarrer Gustav Knak. Er hatte durch eine Freundin Julies von deren Dichtung gehört. Der Erlös sollte sozialen Einrichtungen zugute kommen, dem Haus Bethesda in Berlin und dem Waisenhaus gleichen Namens in Hongkong. Julie, die Bescheidene, wollte zuerst nicht einwilligen, schon gar nicht unter ihrem Namen. Erst als Pfarrer Knak versprach, ihre Gedichte als »Lieder einer Stillen im Lande« zu veröffentlichen und von der Verwendung des Erlöses erzählte, gab Julie nach.

Sie schreibt an Pfarrer Knak: »Theurer Freund in dem Herrn! Sie selbst haben mir das Recht gegeben, Sie so zu nennen, und nur dieses Recht giebt mit den Muth, Ihnen meine Lieder zu senden. Auf meine Frage an den Herrn: ob Ihr Wunsch, sie zu haben, auch gewiß Sein Wille sei, habe ich keine andere Antwort erhalten, als die, ›daß wir einander dienen sollen mit den Gaben, die wir empfangen haben‹. Da mir nun klar ist, was Er von mir fordert, darf ich mich ja nicht weigern, Ihm zu gehorchen, wenngleich es dem natürlichen Zagen und Bangen des Herzens schwer ist, an die Öffentlichkeit treten zu lassen, was so lange fast nur mein Eigentthum gewesen. So nehmen Sie hin, was ich Ihnen in Gottes Namen übergebe... Daß Sie meinen Namen verschweigen, brauche ich Sie wohl nicht zu bitten. Olga (die Freundin) schreibt mir, Sie hätten mich eine ›Jüngerin des Herrn‹ nennen wollen. Obgleich mir nun kein Name lieber wäre, als dieser, so fühle ich doch zu tief, wie wenig ich ihn verdiene, um ihn ohne Zagen und Beschämung anzunehmen...«

1862 wurden dann Julies Gedichte, die »Maiblumen«, veröffentlicht und fanden einige Beachtung, ja, es konnte später geschehen, daß Bewunderer ihrer Gedichte Julie auch persönlich kennenlernen wollten – was diese wiederum gar nicht schätzte!

Wie aus ihrem Brief hervorgeht, lebte sie in einer innigen Beziehung zu Christus. Mit dieser ganz persönlichen Frömmigkeit steht sie in der Tradition des Pietismus, der »Stillen im Lande«, wie sie seit dem 18. Jahrhundert auch genannt wurden. So dichtete Julie von Hausmann auf ihre zurückhaltende Art, aber mit einer beachtlichen Intensität und Gefühlsstärke.

1870 zog Julie von Hausmann wieder in den Nordosten. Sie wurde eine Art Hausdame in der St. Annenschule in St. Petersburg, deren Leitung ihre älteste

Schwester innehatte. Dort führte Julie das »innere Haus-
wesen«, gab nebenbei Klavierstunden und lebte ein »stil-
les« zurückgezogenes Leben; und das zur gleichen Zeit,
als in St. Petersburg das gesellschaftliche Leben ein einziger Rausch voller Bälle, Intrigen, erotischer Funken,
Duelle und Salongespräche war, wie wir es aus der russischen Literatur kennen! Vielleicht hat sie aber gerade
deshalb so stark auf ihre Abgrenzung zur »Welt« ge-
pocht, um ihre eigene Identität zu schützen?
Ihr berühmtestes Lied wäre auch zu verstehen als ein
Flehen gegenüber dem Ansturm bedrohlicher Gefühle
und Erfahrungen:

    1. So nimm denn meine Hände
    und führe mich,
    bis an mein selig Ende
    und ewiglich.

    Ich mag allein nicht gehen,
    nicht einen Schritt;
    wo Du wirst geh'n und stehen,
    da nimm mich mit.

    2. In Dein Erbarmen hülle
    mein schwaches Herz,
    und mach es endlich stille
    in Freud und Schmerz.

    Laß ruh'n zu Deinen Füßen,
    Dein armes Kind,
    es will die Augen schließen
    und glauben blind.

    3. Wenn ich auch garnichts fühle
    von Deiner Macht,

Du bringst mich doch zum Ziele
auch durch die Nacht.

So nimm denn meine Hände
und führe mich,
bis an mein selig Ende
und ewiglich!

Julie von Hausmann drückt hier ein tiefes, beinahe kind-
liches Bedürfnis nach Geborgenheit aus – man hat ihr
vorgeworfen, solche Sehnsüchte mit ihrem Lied zu för-
dern, anstatt erwachsene Menschen in ihrem Verantwor-
tungsbewußtsein zu stärken. Deshalb lehnen auch viele
Pfarrer ihr Lied ab. Auch fehlt ihren Versen eine Bewegung in der Gottesbeziehung, es geht nur um diese
»blinde« Hingabe an Gott, ein gleichsam willenloses
Sich-Führen-Lassen. Doch waren ihre religiösen Gedanken und Gefühle wirklich so »naiv«?
Bei genauerem Hinsehen fällt ein Vers besonders auf:

3. Wenn ich auch garnichts fühle
von Deiner Macht,
Du bringst mich doch zum Ziele
auch durch die Nacht.

Nimmt man noch andere ihrer Gedichte hinzu, so be-
gegnet dem Leser immer wieder die »Nacht«, die offensichtlich eine wichtige Rolle in ihrem Leben gespielt
hat. Ein Biograph berichtet, daß sie noch ein weiteres
Buch mit geistlichen Gedichten veröffentlicht habe unter dem Titel: »Bilder aus dem Leben der Nacht, im
Lichte des Evangeliums«. Auch eines ihrer Gedichte in
den »Maiblumen« trägt den Titel »In der Nacht«:

Stunde auf Stunde
schleichet vorüber –
Schlaf! O wie lange
willst du mich flieh'n?

Stille umgiebt mich,
Dunkelheit deckt mich;
wird es im Grabe
finsterer sein? –

Alles erfüllend,
alles durchdringend
wachet und schützet
Einer allein.

Und Seine Flügel
hält Er gebreitet
über die weite
träumende Welt.

Herr, Deine Nähe
laß mich empfinden,
fröhlich und selig
ruhen in Dir.
...

Wird denn das Dunkel
nimmer mir schwinden,
nimmer der Nebel
weichen dem Licht?

Gott! ach nur ein Mal
stille mein Sehnen,
Dir in das heil'ge
Antlitz zu schau'n!

Endlose Nächte,
müh'volle Tage, –
alles dann trüg ich
willig und leicht.

Zum einen hatte Julie von Hausmann wohl zeitlebens
unter Kopfweh und Migräne zu leiden – die Nächte, die
sie schlaflos lag, waren gewiß zahlreich. Aber »Nacht«
war für sie auch ein Bild für Schmerz und Gottesferne,
für die »Nacht des Zweifels«. Offensichtlich kannte sie
neben der Geborgenheit im Glauben durchaus auch Zeiten der Unsicherheit, des Zweifels und der Gottesferne.
Jedenfalls steht manches dagegen, die religiösen Dichtungen der Julie von Hausmann zu verniedlichen und
zu verharmlosen. Schlaflose Nächte und chronische
Schmerzen sind sicher auch seelisch bedingt, aber sie
können auch durchlässig werden als Metapher und
Gleichnis für geistliche Erfahrungen.
Offenbar hat Julie von Hausmann »Nacht« auch als
Bild für die Abwesenheit Gottes verstanden, für die
Trennung von Gott, die durch eigene Schuld verursacht
wurde. Einmal dichtete Julie in dem Lied »Der tiefste
Schmerz«:

Ist jede Sünde Trennung nicht von Gott,
die überall ins Leben bringt den Tod?
Wenn mir verhüllt ist Seine Lieb' und Huld
und ich mir sagen muß: du selbst bist schuld!
Getrennt zu sein von dem, der uns geliebt, –
das ist ein Schmerz, wie's keinen zweiten giebt;
das ist der Frost, der auf die Blüthe fällt,
das ist die Nacht, von keinem Stern erhellt.

Die Nacht als Bild für die eigene Schuld – ist das nur auf ein übersteigertes Schuldgefühl zurückzuführen? Wir wissen wenig über Julies Außenkontakte, etwa über Berührungen mit der russisch-orthodoxen Frömmigkeit in ihrer Stadt; in dieser Religiosität wird Schuld, aber auch Beichte und Vergebung, ja, die »Vergöttlichung« des Menschen ernst und wichtig genommen.

Was kann ihre »Schuld« gewesen sein?

Vielleicht ihre Herbheit und Verschlossenheit, ihr abweisendes Wesen gegen andere? So wird etwa von einem Vorfall mit einer russischen Großfürstin berichtet: »Eines Tages beehrte eine der Großfürstinnen, die ihrem alten evangelischen Bekenntnis treu geblieben war, die Annenschule und sie befahl, daß man sie auch in die Privaträume der Vorsteherin führe und sie ihr zeige. Im Eßzimmer waren die langen Tafeln für das Frühstück der Schülerinnen gedeckt, Julie stand dabei und beaufsichtigte die Arbeit. Da stellte man sie der hohen Dame als die Dichterin der ›Maiblumen‹ vor, und mit herzlicher Freundlichkeit eilte die Fürstin auf sie zu und reichte ihr über den schmalen Tisch hinüber die Hand. Julie aber, ganz entsetzt und fassungslos, verneigte sich und verschwand eilig hinter dem großen Samowar, die hingestreckte Hand hatte sie in der Beunruhigung gar nicht beachtet, und heftige Vorwürfe blieben ihr darum hernach nicht aus.« Man stelle sich diesen Eklat vor, noch dazu im Zarenreich! Mochte Julie unter Freundinnen anders sein, auch manchmal recht humorvoll, so wirkte dies Störrische und Herbe ihrer Persönlichkeit doch oft verletzend auf andere und es ist zu vermuten, daß sie dies als »Schuld« erkannt und darunter gelitten hat.

Vielleicht aber war es noch etwas: manche der Gedichte sind an eine »Schwester im Herrn« gerichtet, und es wird von einer tiefen und unglücklichen Zuneigung zu einer anderen Frau erzählt. Wer war diese Frau? Und wie war ihre Beziehung zu ihr?

Eines der Gedichte »An meine Schwester im Herrn« drückt ihre tiefe Verbundenheit mit der geliebten Freundin aus, aber genauso auch die gelungene »Umschmelzung« dieser Gefühle durch den gemeinsamen Glauben, die gemeinsame Hingabe an Gott:

> Wenn Gott mich ruft von hinnen,
> der letzte Kampf beginnt,
> dann mußt du zu mir eilen,
> du liebes, treues Kind!
> …
>
> Hilf mir die Hände falten,
> wie wir es oft getan,
> und Ihn, Ihn laß mich halten,
> so fest ich immer kann.
>
> Auf meine Augen beide
> drück dann die Lippen dein,
> daß unter deinem Kusse,
> ich selig schlumm're ein.
>
> Du weißt, es gibt kein Scheiden,
> wenn echt die Liebe ist,
> ich nehm dich mit hinüber,
> weil du mein eigen bist.
> …
>
> Wir halten uns umschlungen,
> verklärt in Seinem Licht;
> die Lieb', die gottgeweihte,
> sie stirbt im Tode nicht.

Bisher wissen wir nicht viel über die verborgene innere Geschichte der Julie von Hausmann, aber ihre Gedichte drücken gewiß auch Teile ihrer inneren Biographie aus. Doch da jetzt wieder eine neue deutsche evangelische Gemeinde in St. Petersburg entsteht, direkt neben der St. Annenschule, könnte es sein, daß das Interesse an Julie von Hausmann wieder wachsen und auch diese volkstümliche Dichterin wieder neu entdeckt und erforscht wird.

1896 starb ihre jüngste Schwester an der Influenza, für Julie ein schrecklicher Schlag, der sie fast am Leben verzweifeln ließ. Sie erlitt darauf eine langwierige Krankheit. Johanna, die Musikerin, wurde von Julie verehrt und geliebt; verständlich, daß deren Tod ihr ein verzehrender Schmerz war. Aber Gott erhielt Julie noch etliche Jahre am Leben – hat sie in dieser Zeit noch Lieder gedichtet? Mit dem Gedanken an das eigene Sterben hat sie sich schon früh vertraut gemacht.

Vor meinem Fenster steht der Kirschenbaum,
nun auch bedeckt mit weißem Blüthenschaum.

Doch sieh'! ein Windstoß nur – und er bestreut
mit seinem Schmuck der Erde grünes Kleid;

Und wenn im Herbst man seine Früchte sucht,
wie wenig Blüthen brachten süße Frucht!

Es mahnet ernst mich dieses nicht'ge Blühn
an tausend schöne Stunden, die dahin.

Da hat mein Herz wie dieser Baum geblüht,
für Wahrheit, Liebe, Glauben heiß geglüht;

Und wenn man nun bei mir nach Früchten fragt,
hat all mein Blühen eine Frucht gebracht?

Im Sommer 1901 kamen alle Mitglieder der Familie in das russische Seebad Wösso am estnischen Strand, um dort Ferien zu machen. Dort bekam Julie die selbe Krankheit wie vor Jahren, diesmal war es das Ende: »In den letzten Stunden war sie noch bei klarem Bewußtsein, und ihr Auge strahlte in überirdischem Glanz, sie durfte heimgehen zu dem, der sie geführt hatte an Seiner Hand bis an ihr selig Ende.« Es war nicht möglich, ihren Sarg nach St. Petersburg zu bringen, so liegt sie in Esko auf dem Privatfriedhof der Familie Fock aus Sagad begraben – in weiter Ferne. Aber in ihrem Lied »So nimm denn meine Hände« ist sie seit fast hundert Jahren in vielen Gemeinden präsent.

Quellen und Literatur
(in Auswahl)

Allgemein:

Lebensbilder der Liederdichter und Melodisten (Handbuch zum EKG II, 1), Göttingen 1957.

F. W. Bautz (Hg.), Biographisch-Bibliographisches Kirchenlexikon, Hamm 1975 ff.

In diesen Werken finden sich jeweils weitere bibliographische Angaben zu den Dichterinnen.

Ältere biographische Sammelwerke:

Johann Caspar Wetzel, Historische Lebensbeschreibung der berühmtesten Liederdichter, 1719.

Otto Friedrich Hörner, Nachrichten von Liederdichtern des Augspurgischen Gesangbuchs, 1775.

Gottlieb Lebrecht Richter, Allgemeines biographisches Lexikon alter und neuer geistlicher Liederdichter, 1804.

F. C. Canz, Geschichte des Kirchenliedes, Leipzig 1855.

Eduard Emil Koch, Geschichte des Kirchenlieds und Kirchengesangs der christlichen, insbesondere der deutschen evangelischen Kirche, 3. Aufl., Stuttgart 1866 ff. 8 Bände, Neudruck Hildesheim/New York 1973.

Zu Elisabeth Cruciger:

Hans Volz, Woher stammt die Kirchenlied-Dichterin Elisabeth Cruciger?, in: Jahrbuch für Liturgik und Hymnologie 11, 1966 (ersch. 1967), S. 163–165.

S. Otto Clemen, Ein Brief eines getauften Juden in Stettin aus dem Jahre 1524, in: Pommersche Jahrbücher, hg. v. Rügen-Pommerschen-Geschichtsverein, 8. Band, Greifswald 1907, 175–180.

Zu Ämilie Juliane von Schwarzburg-Rudolstadt:
Der Freundin des Lammes täglicher Umgang mit Gott, Leipzig und Rudolstadt 1714.

Leichenpredigt Nr. 5526 aus der Stolberg-Stolberg-schen Leichenpredigtensammlung. Schwartzburgi-sches Denckmahl einer Christ-Gräflichen Lammes-Freundin, o. J.

Brigitte Archibald, Ludamilia Elisabeth, Gräfin von Schwarzburg-Hohnstein and Aemilia Juliane, Gräfin von Schwarzburg-Rudolstadt: Two Poets of the Seventeenth Century, Diss. Tennessee 1975.

Zu Magdalena Sibylla Rieger:
Daniel Wilhelm Triller (Hg.), Frauen Magdalenen Sibyllen Riegerin, gebohrner Weissenseein, Versuch einiger Geistlichen und Moralischen Gedichte in den Druck übergeben, Frankfurt/M. 1743.

Ders., Magdalenen Sibyllen Riegerin, geb. Weissenseein ... Geistlich- und Moralischer, auch zufälligvermisch-ter Gedichte Neue Sammlung ..., Stuttgart 1746.

Johann Philipp Glökler, Magdalena Sibylla Rieger, in: Ders., Aus der Frauenwelt. 2. Aufl. der »Schwäbischen Frauen«, Stuttgart 1868.

Zu Henriette Louise von Hayn:
Lebenslauf der ledigen Schwester Marie Luise von Hayn, heimgegangen in Herrnhut den 27. August 1782. In: Nachrichten aus der Brüdergemeine. Gnadau/Leipzig 1846. Heft 4, S. 599–611.

Otto Uttendorfer, Zinzendorf und die Frauen, Herrnhut 1919.

Zu Julie von Hausmann:
Julie von Hausmann, Maiblumen. Lieder einer Stillen
im Lande, dargest. von Gustav Knak. 4 Bändchen,
1861–1879.
Dies., Hausbrot, Kassel 1896 (?).
Hermann Barth, Julie Hausmann, in: Unsere Kirchenlie-
derdichter. Lebens- und Charakterbilder. Mit einer
Einleitung von Wilhelm Neile, 1905.

Die Autorin

Elisabeth Schneider-Böklen, geboren 1945, studierte evangelische Theologie. Nach ihrem Vikariat war sie als Religionslehrerin tätig und ist seit 1991 Pfarrerin für Blinde und Sehbehinderte in der Region München.